AF379530

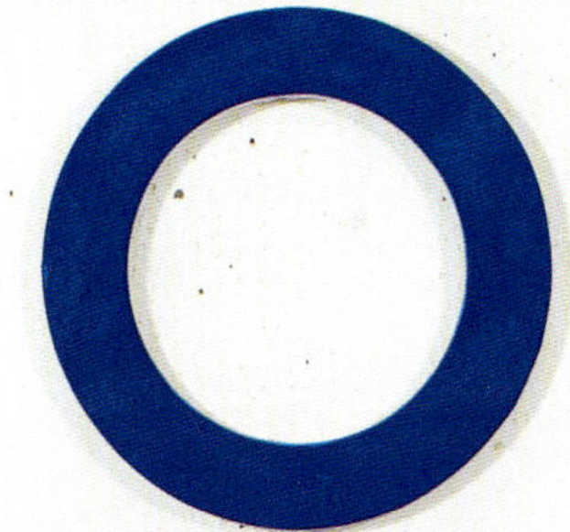

Untitled, 2012

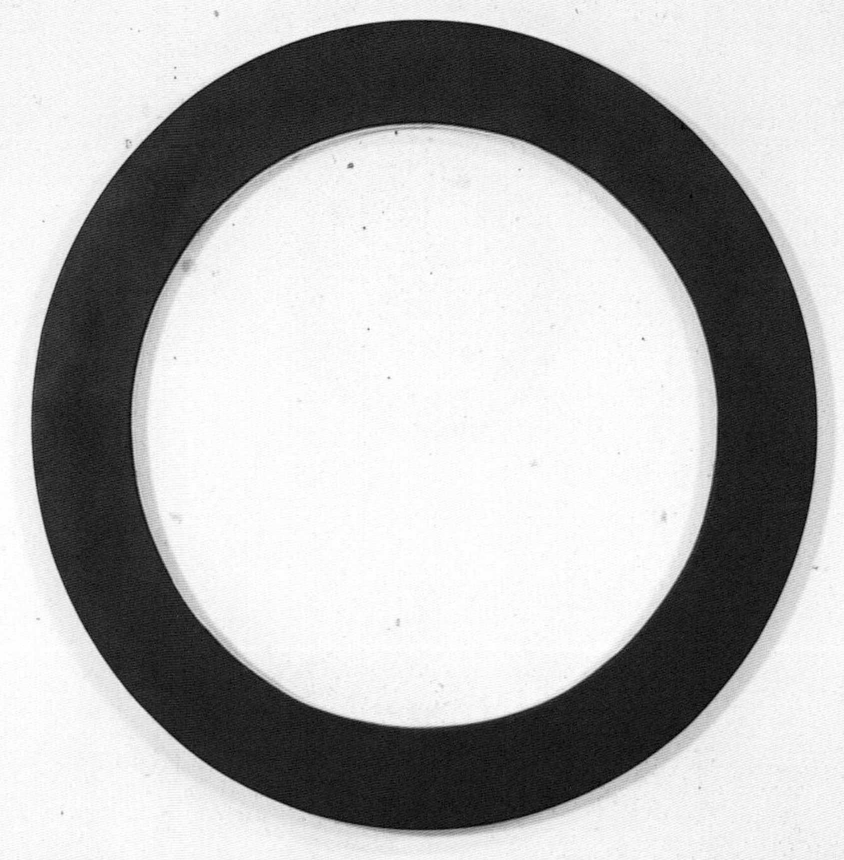

   Rocket Queen, 2012

Sylvain Croci-Torti

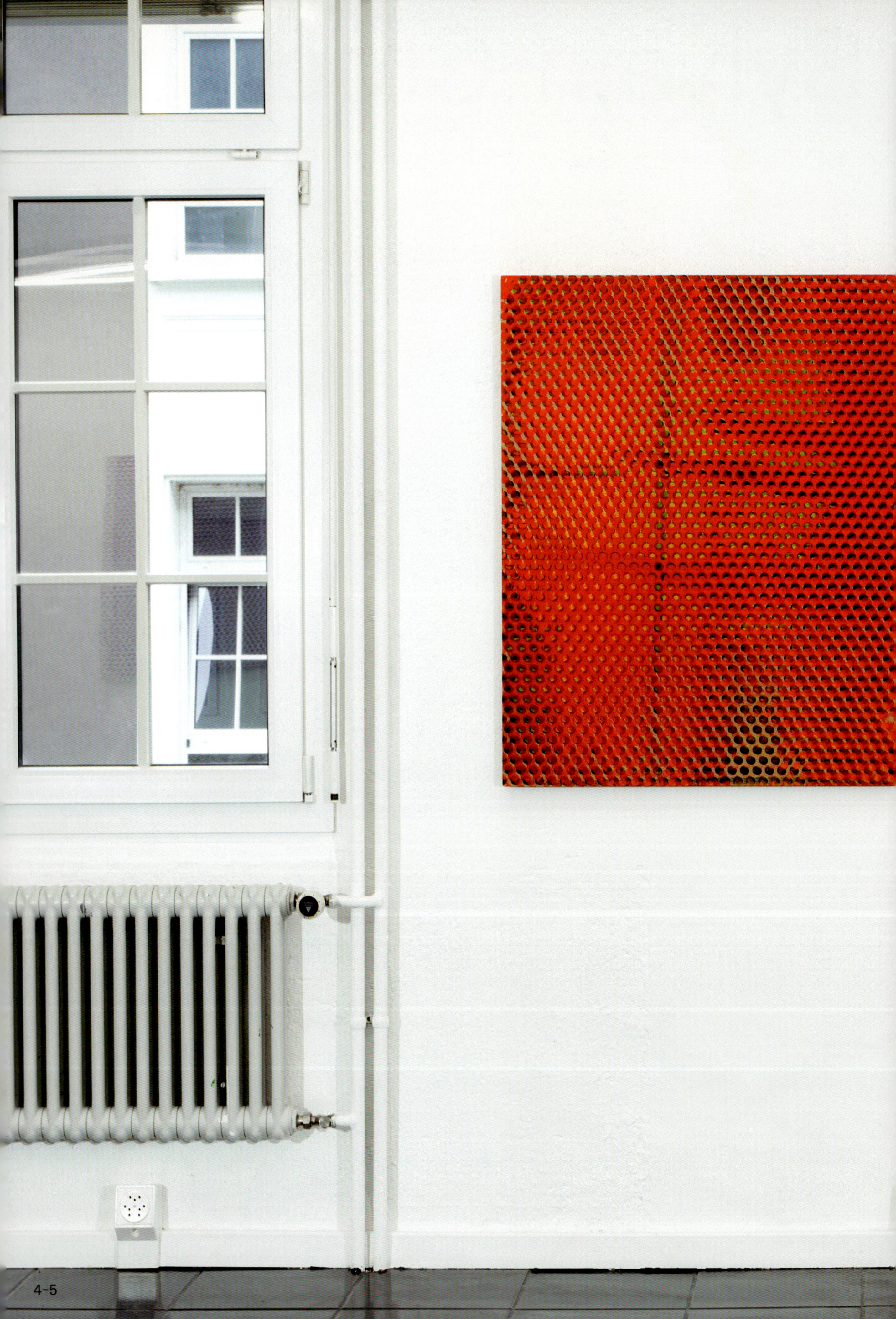

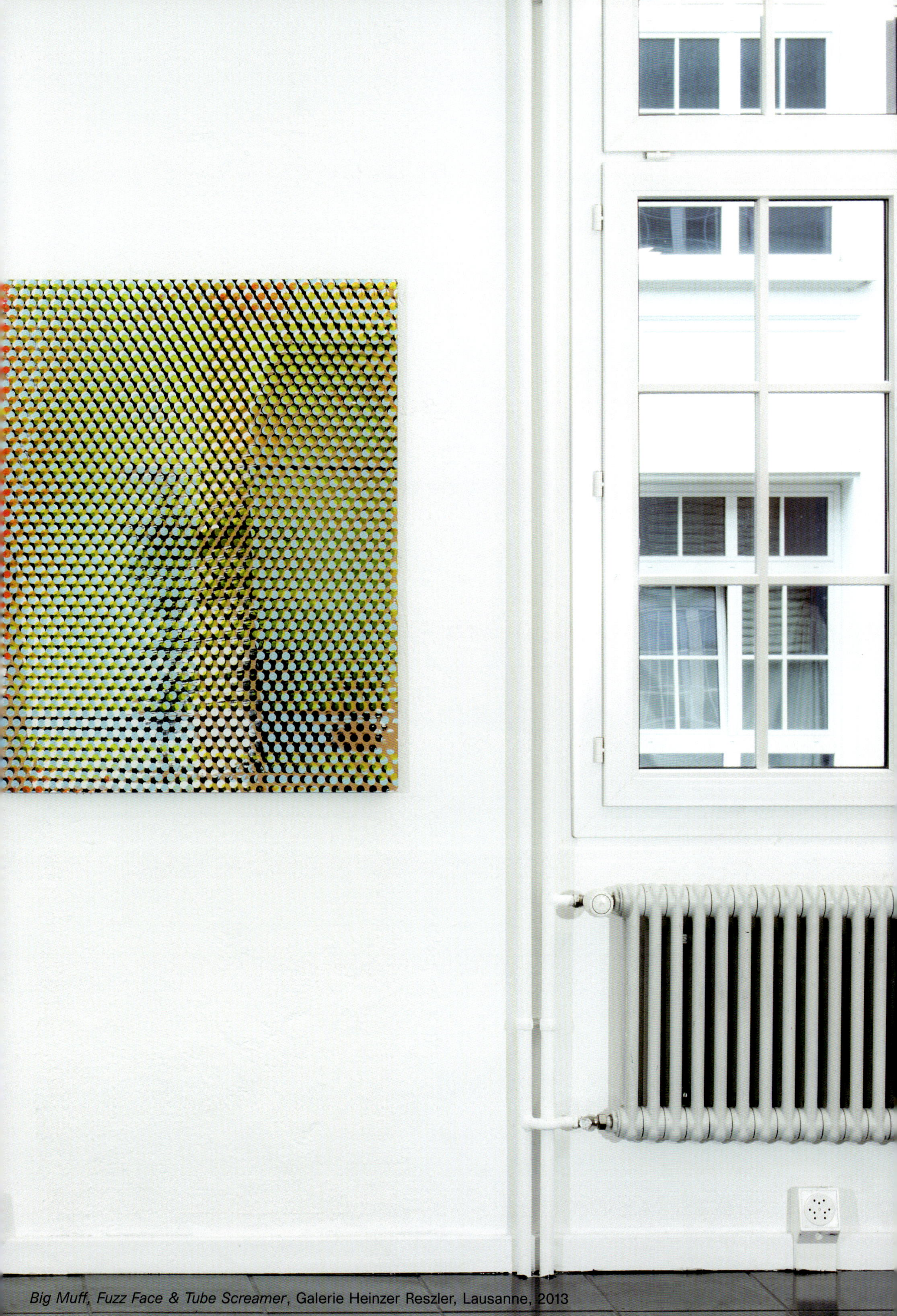

Big Muff, Fuzz Face & Tube Screamer, Galerie Heinzer Reszler, Lausanne, 2013

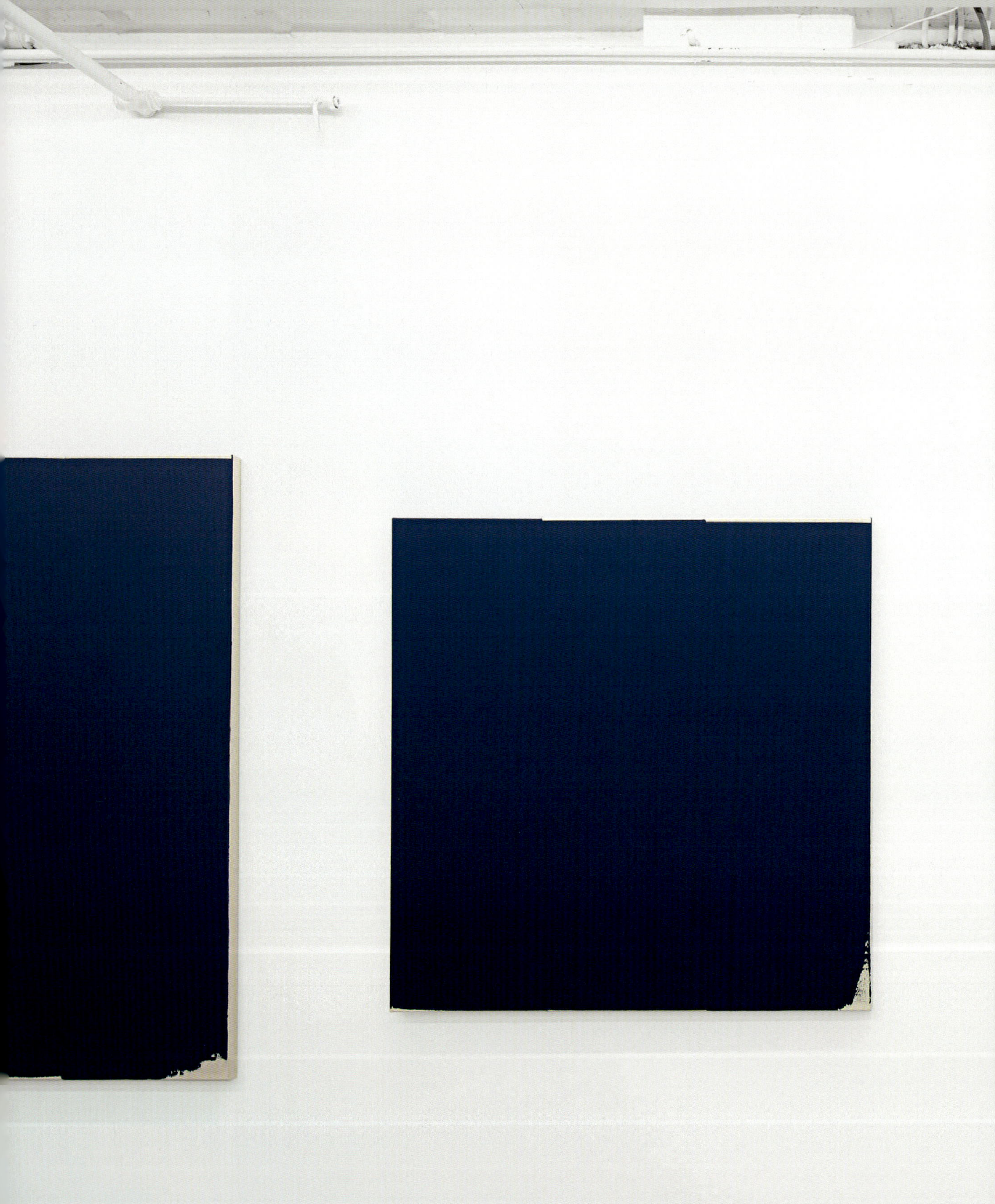

Caudalie, Esp'Asse, Nyon, 2014

Work Hard, Swiss Institute, New York, 2015

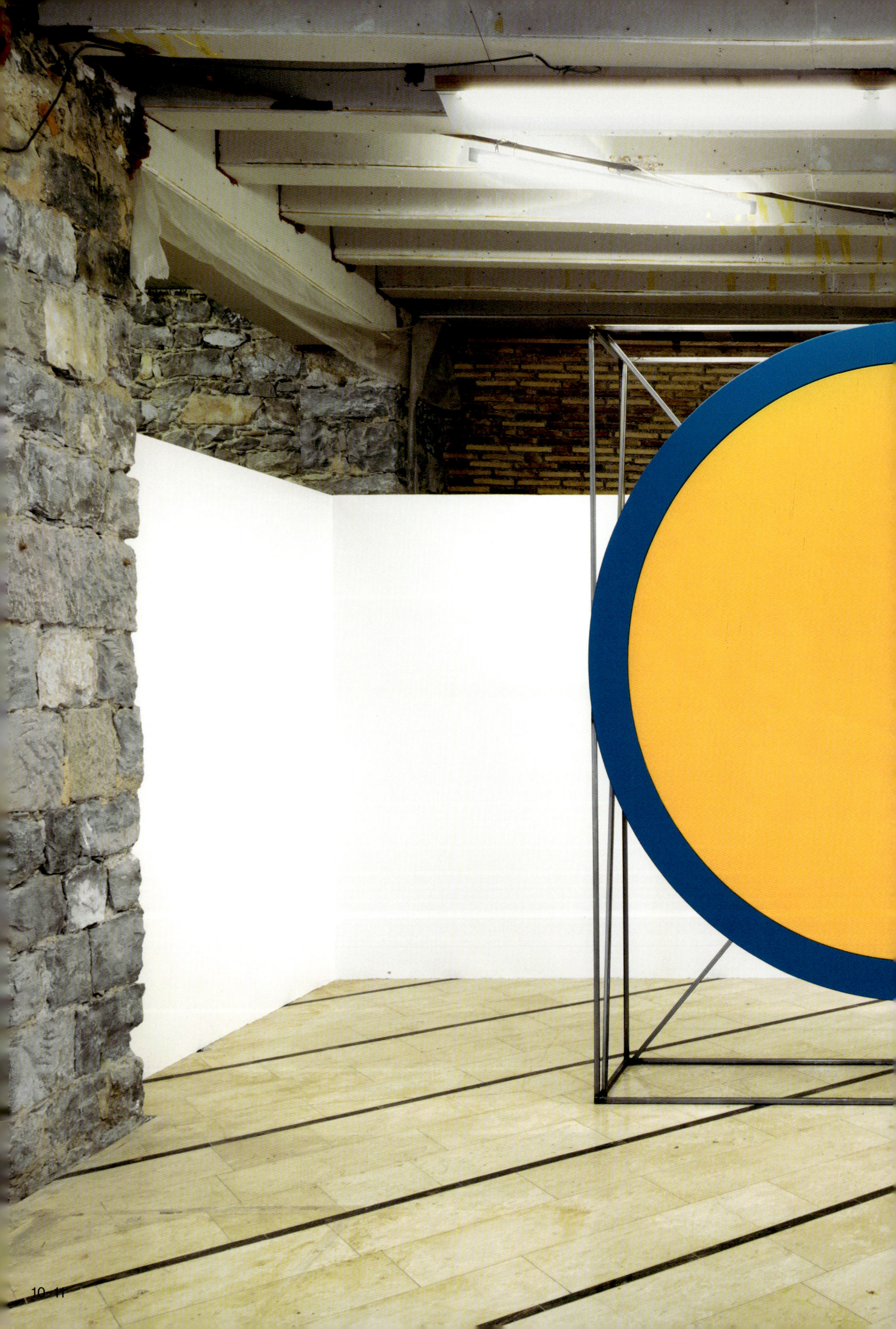

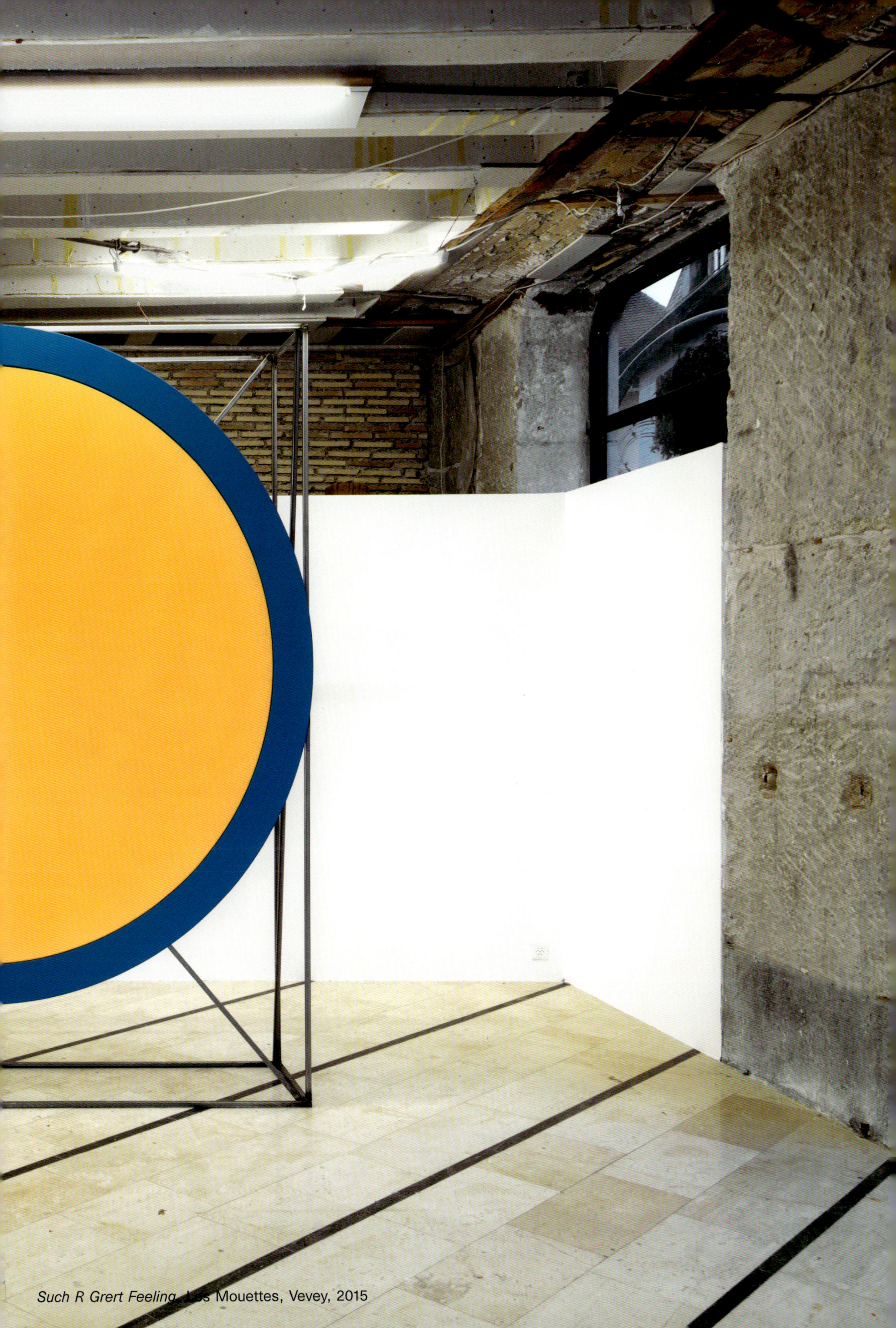

Such R Grert Feeling, Les Mouettes, Vevey, 2015

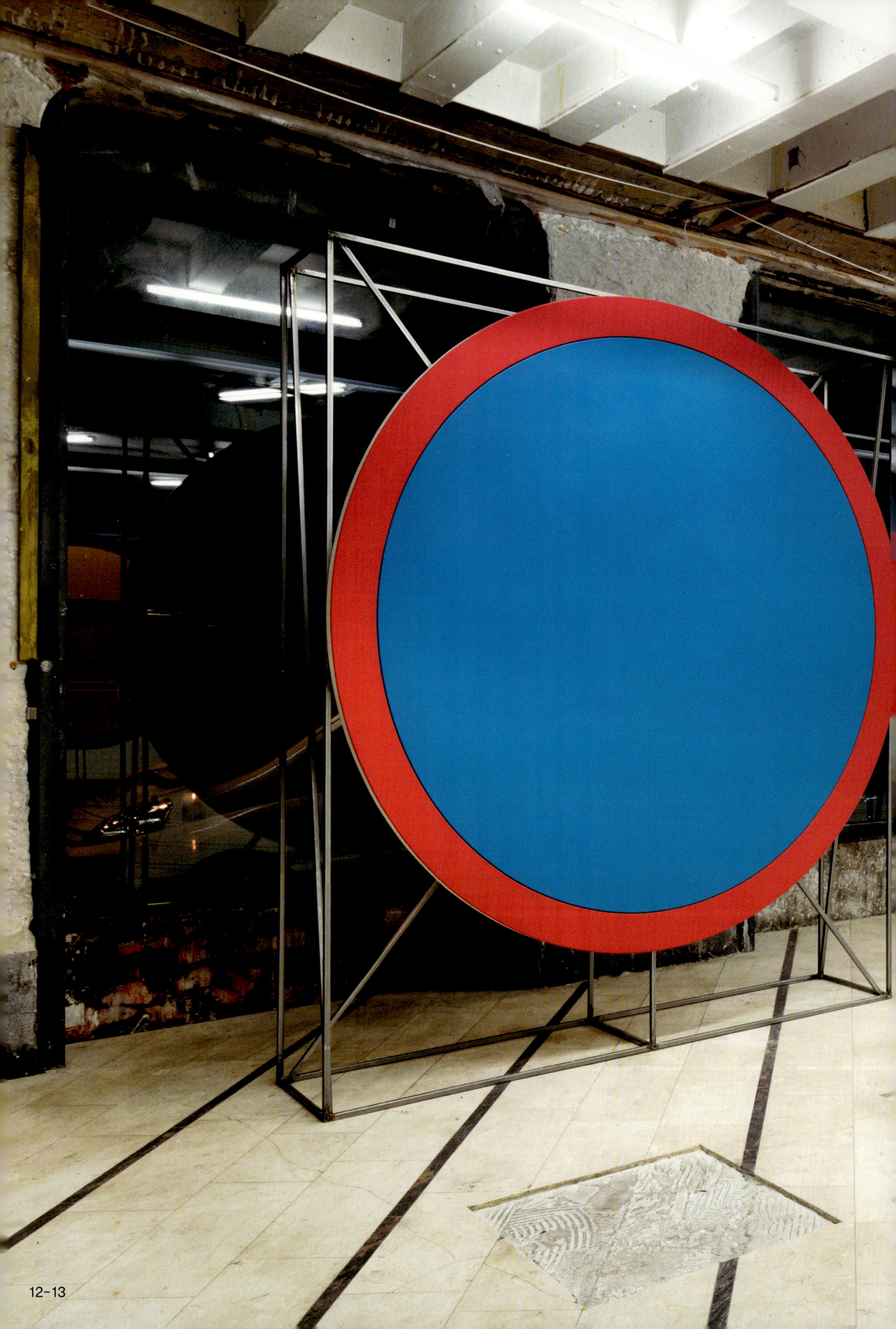

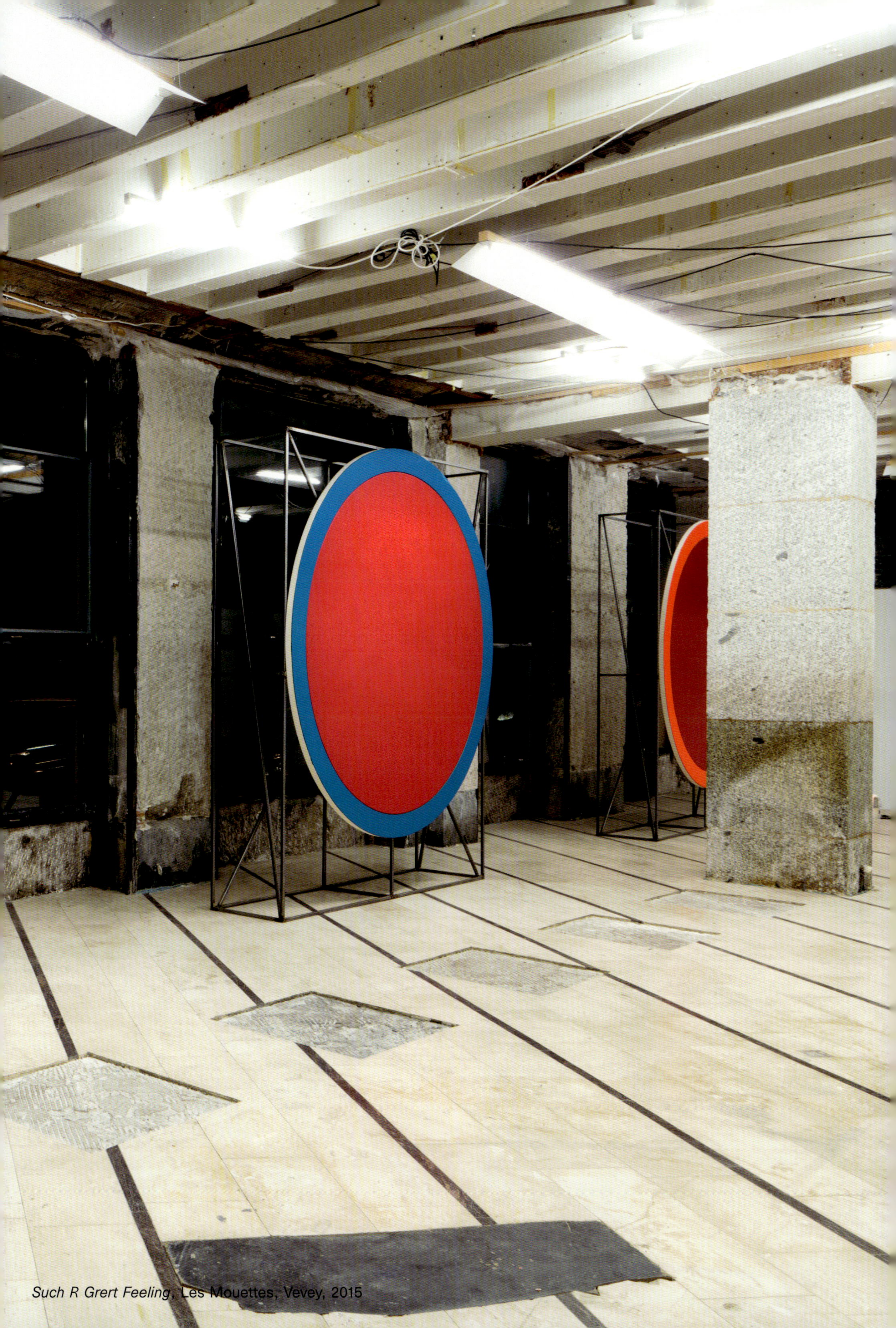

Such R Grert Feeling, Les Mouettes, Vevey, 2015

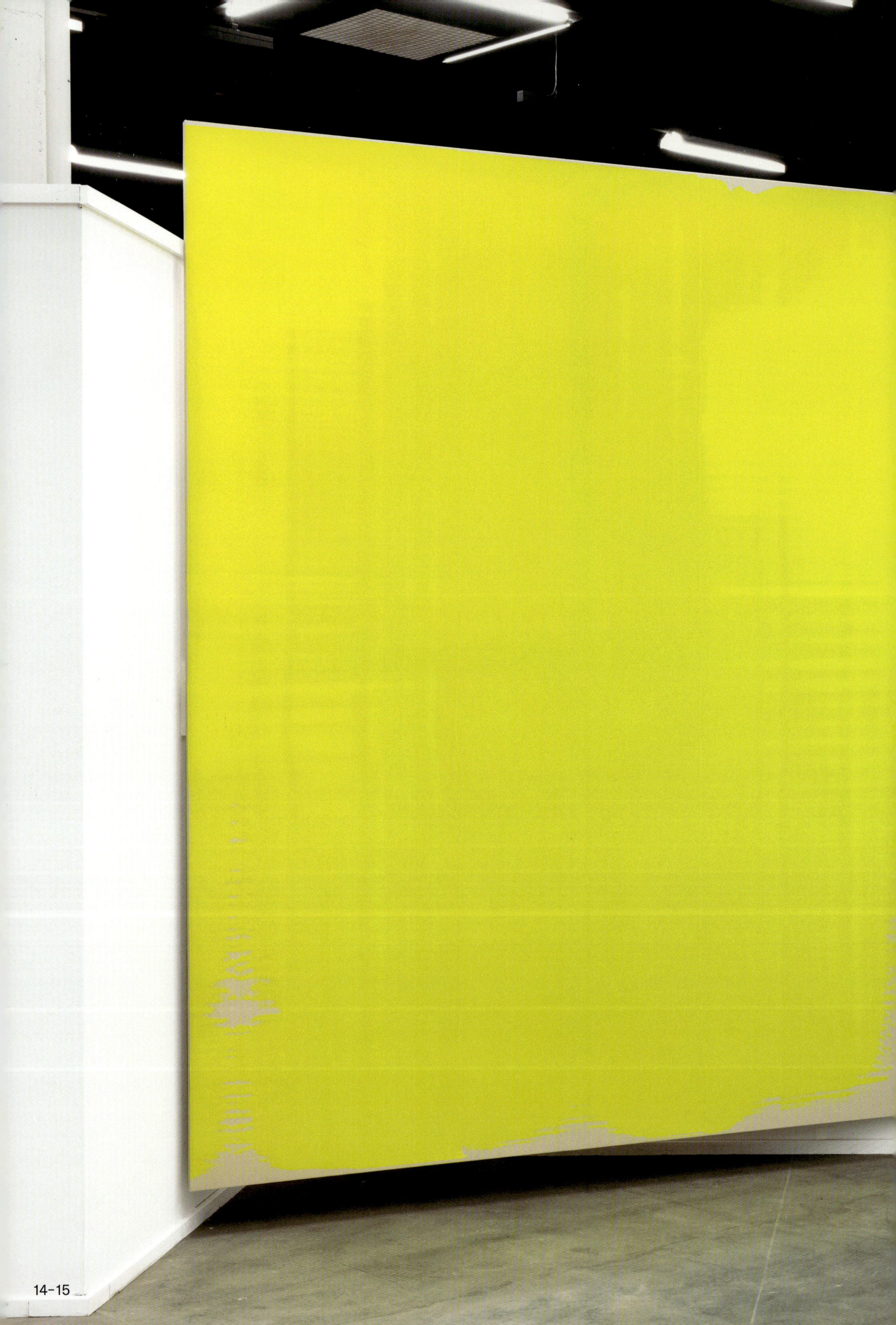

Swiss Art Awards, Basel, 2016

Les Fous se déplacent en diagonale, La Fabrik, Monthey, 2017

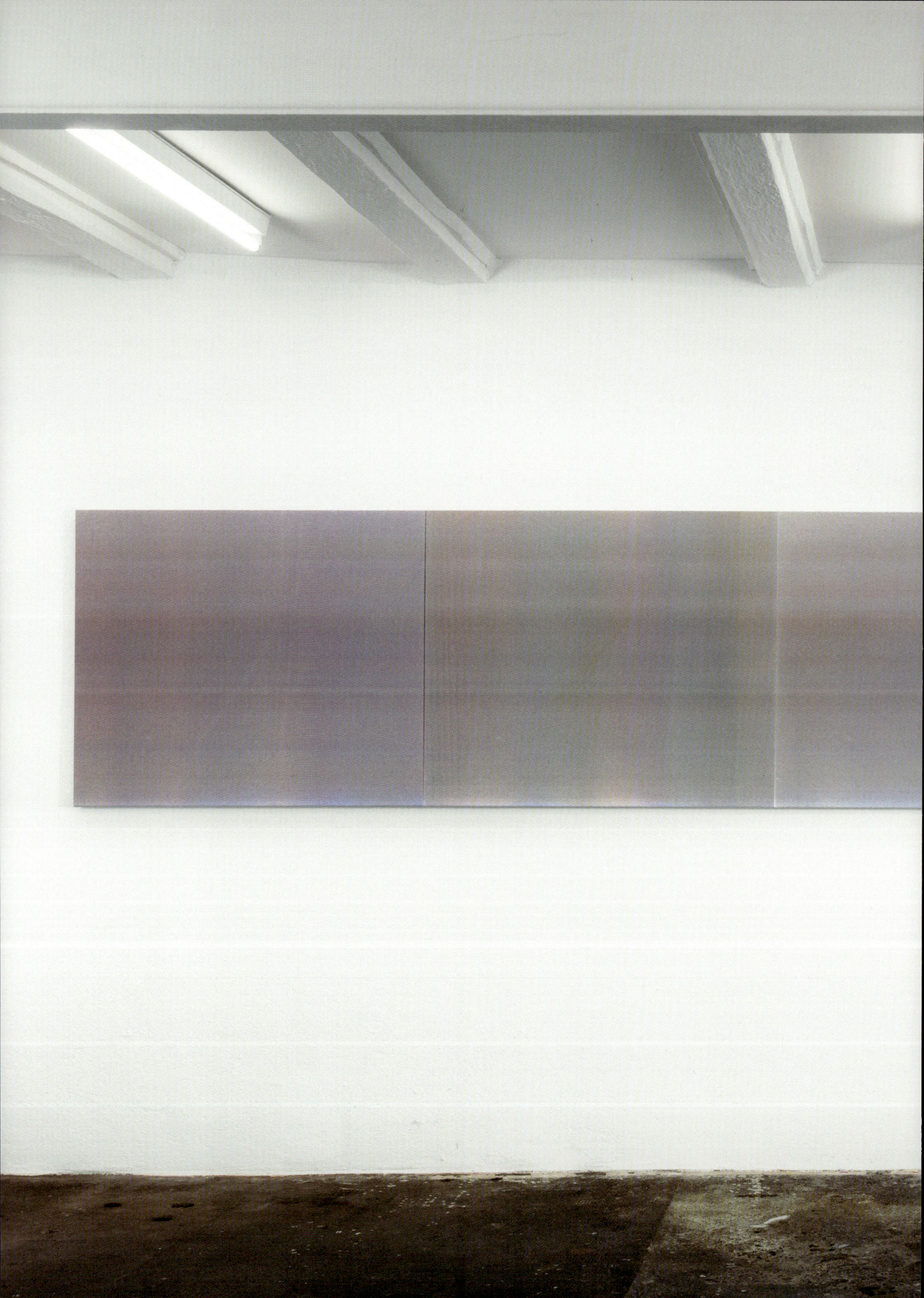

Tomorrow is Forgetting, WallRiss, Fribourg, 2017

Tomorrow Is Forgetting, WallRiss, Fribourg, 2017

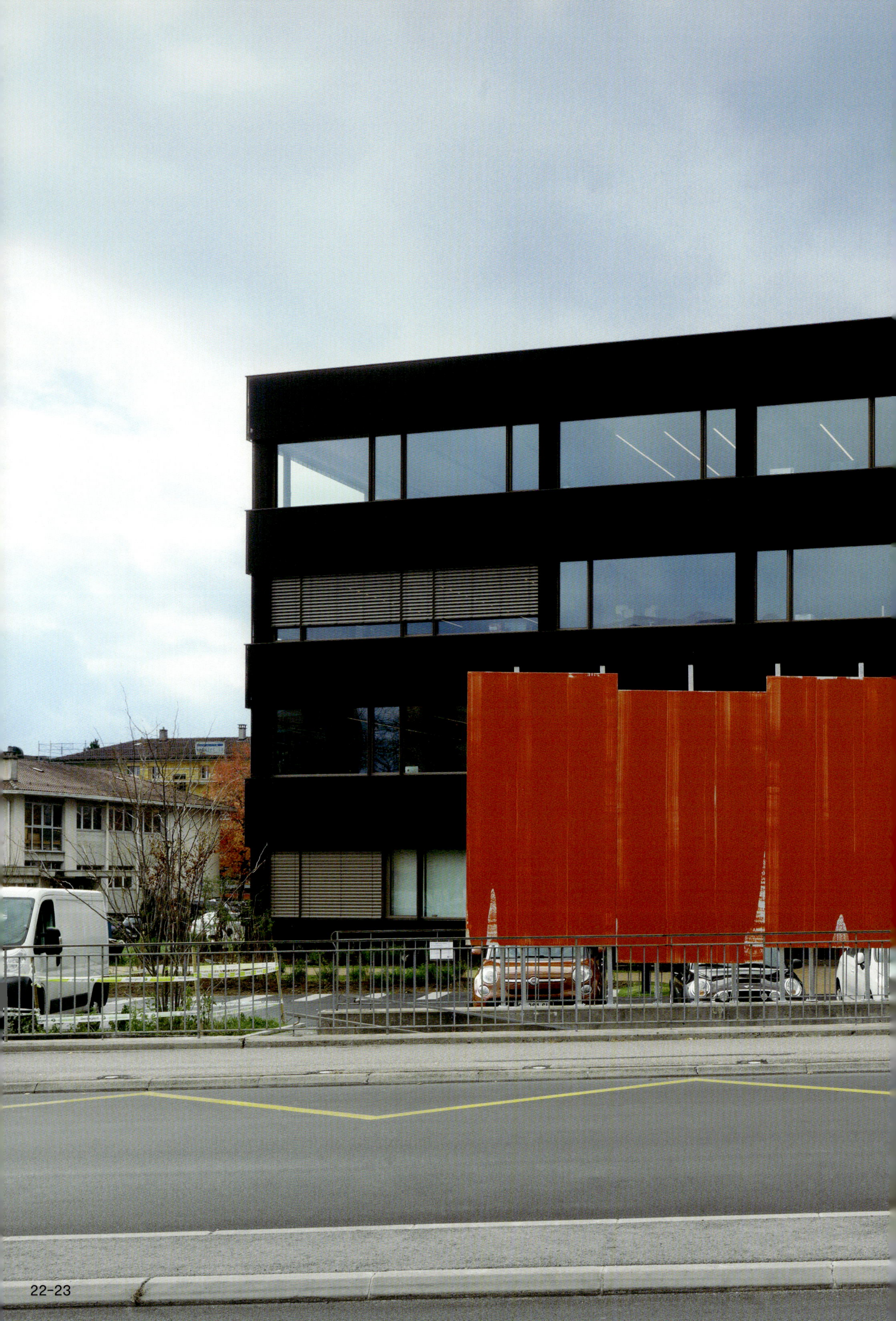

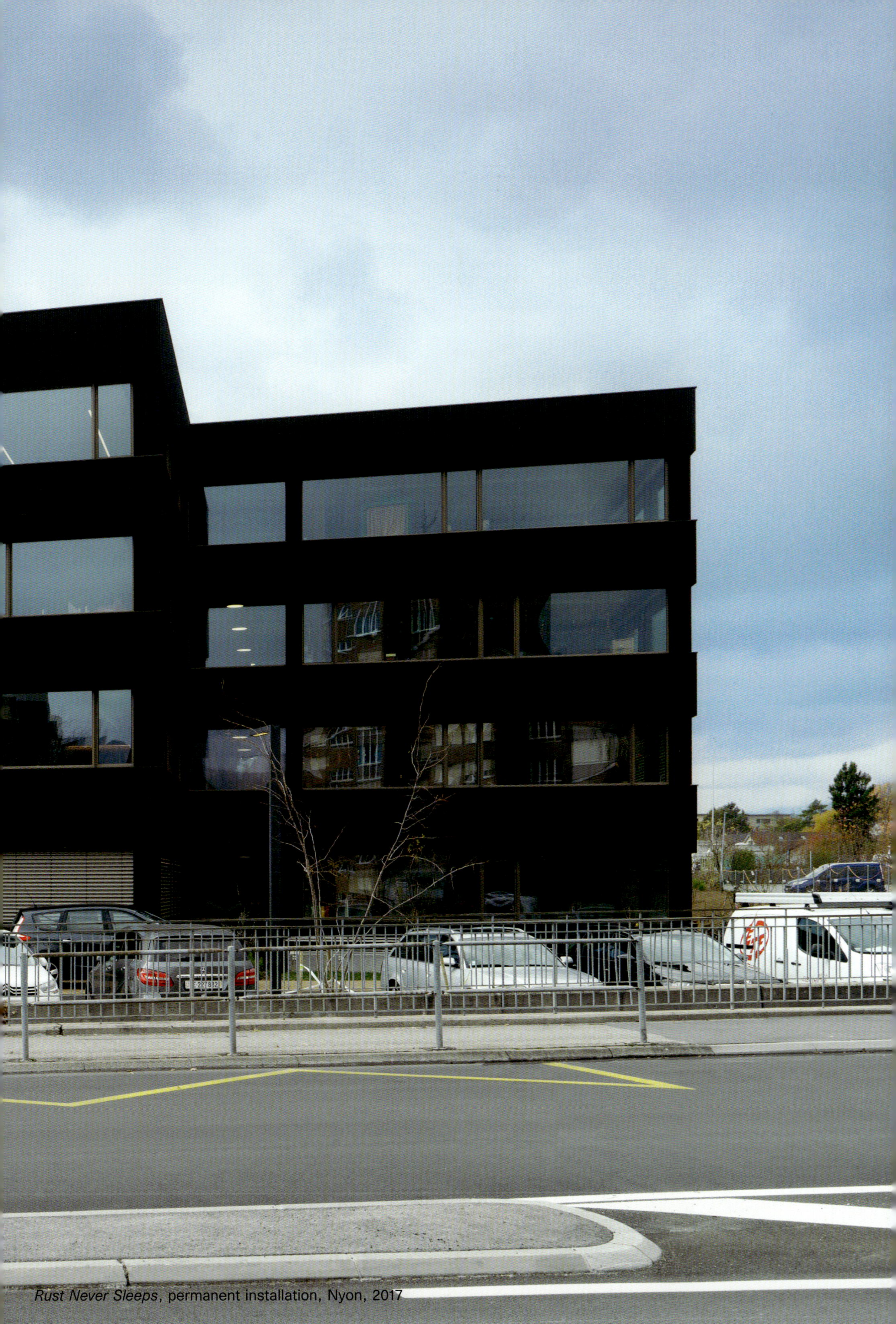

Rust Never Sleeps, permanent installation, Nyon, 2017

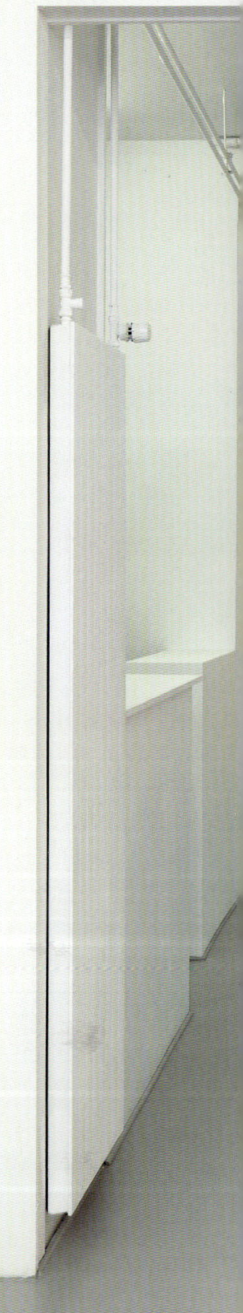

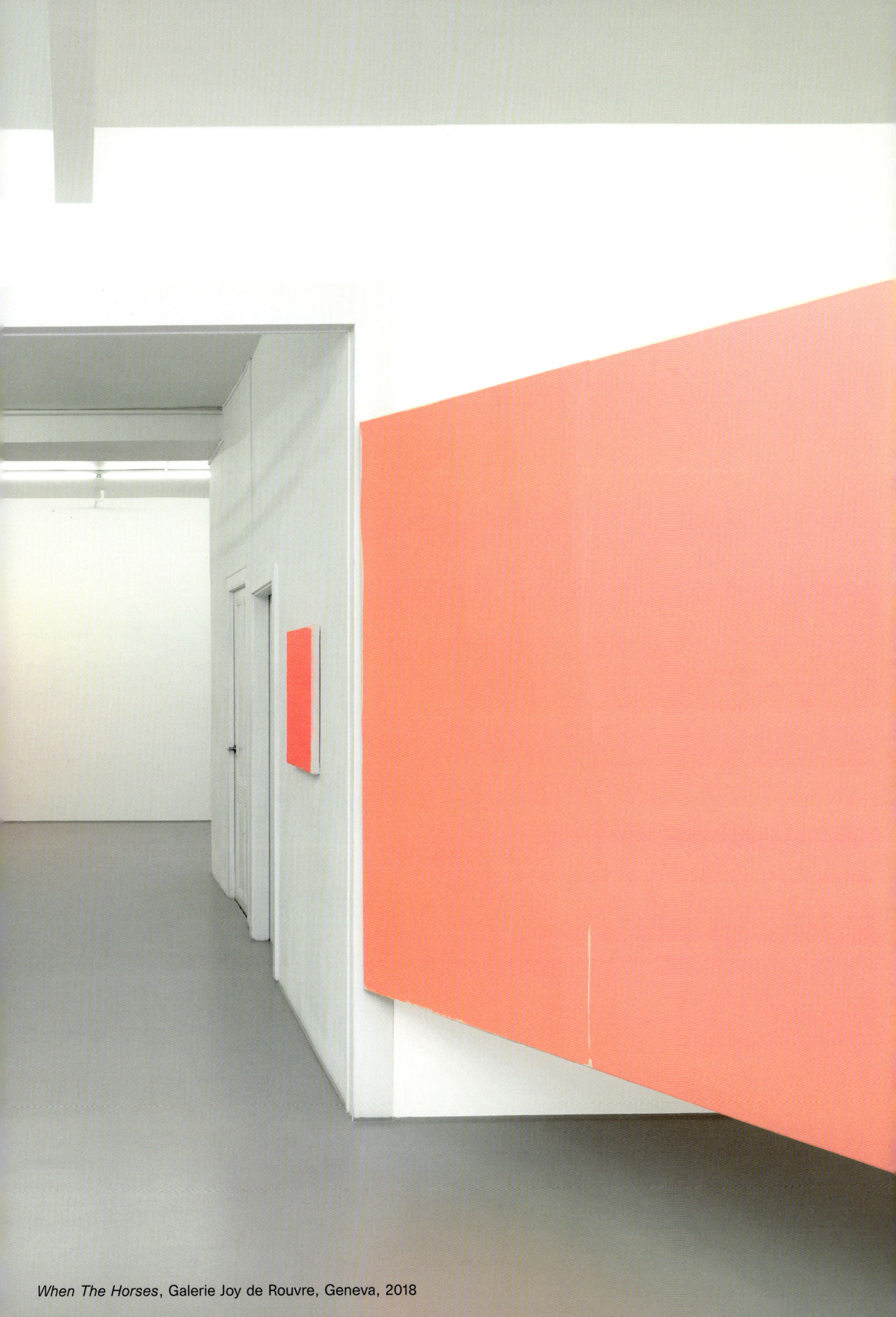

When The Horses, Galerie Joy de Rouvre, Geneva, 2018

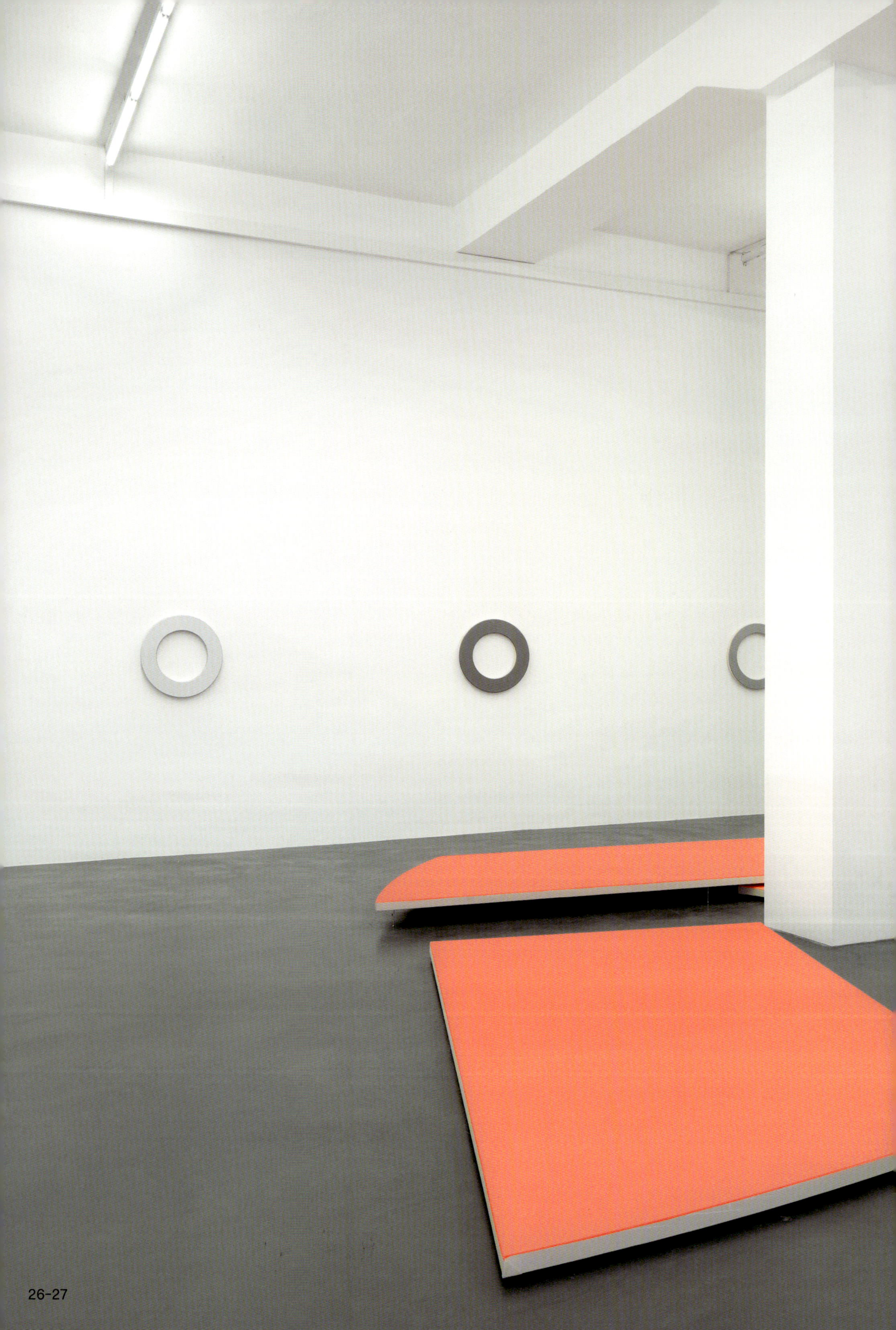

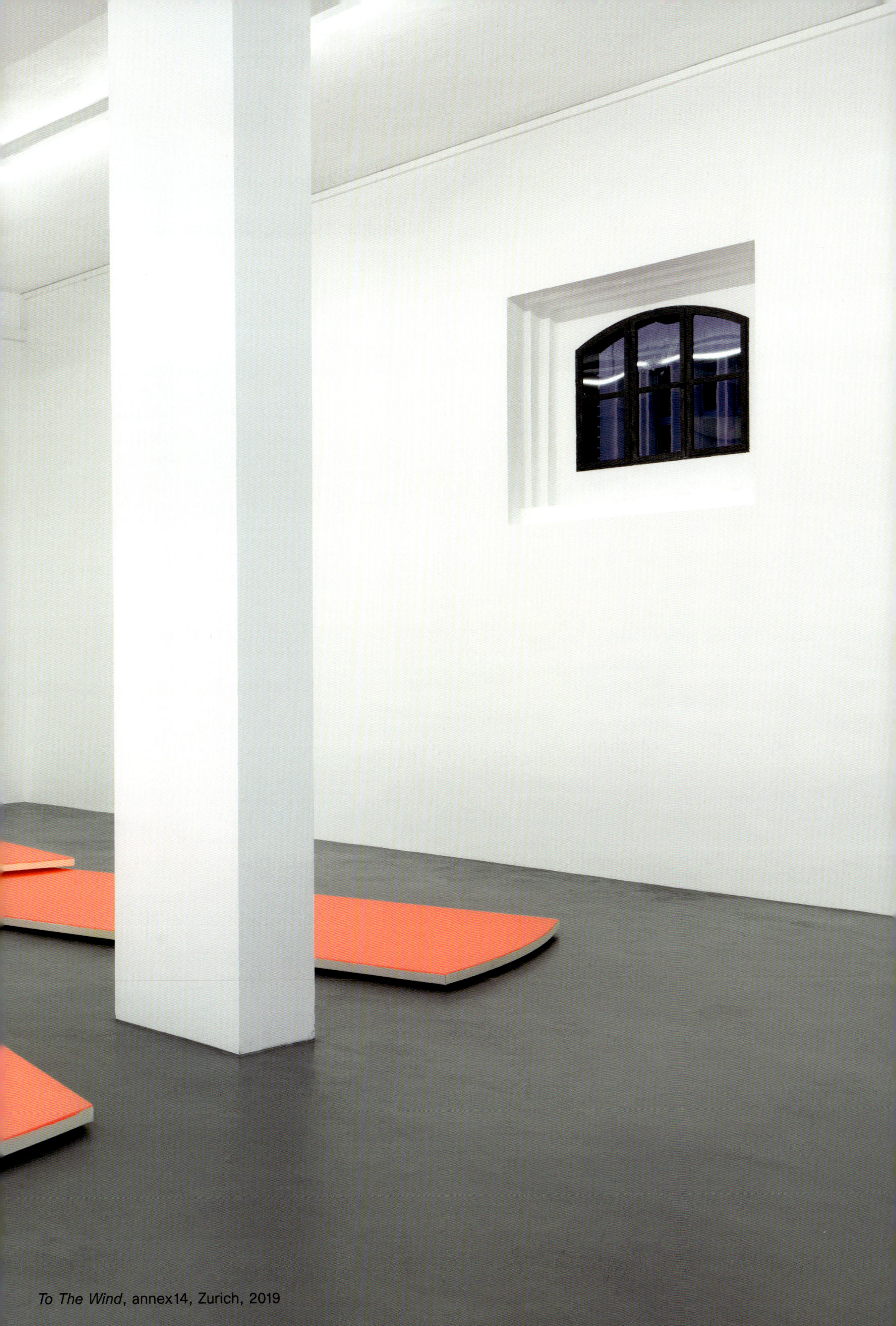

To The Wind, annex14, Zurich, 2019

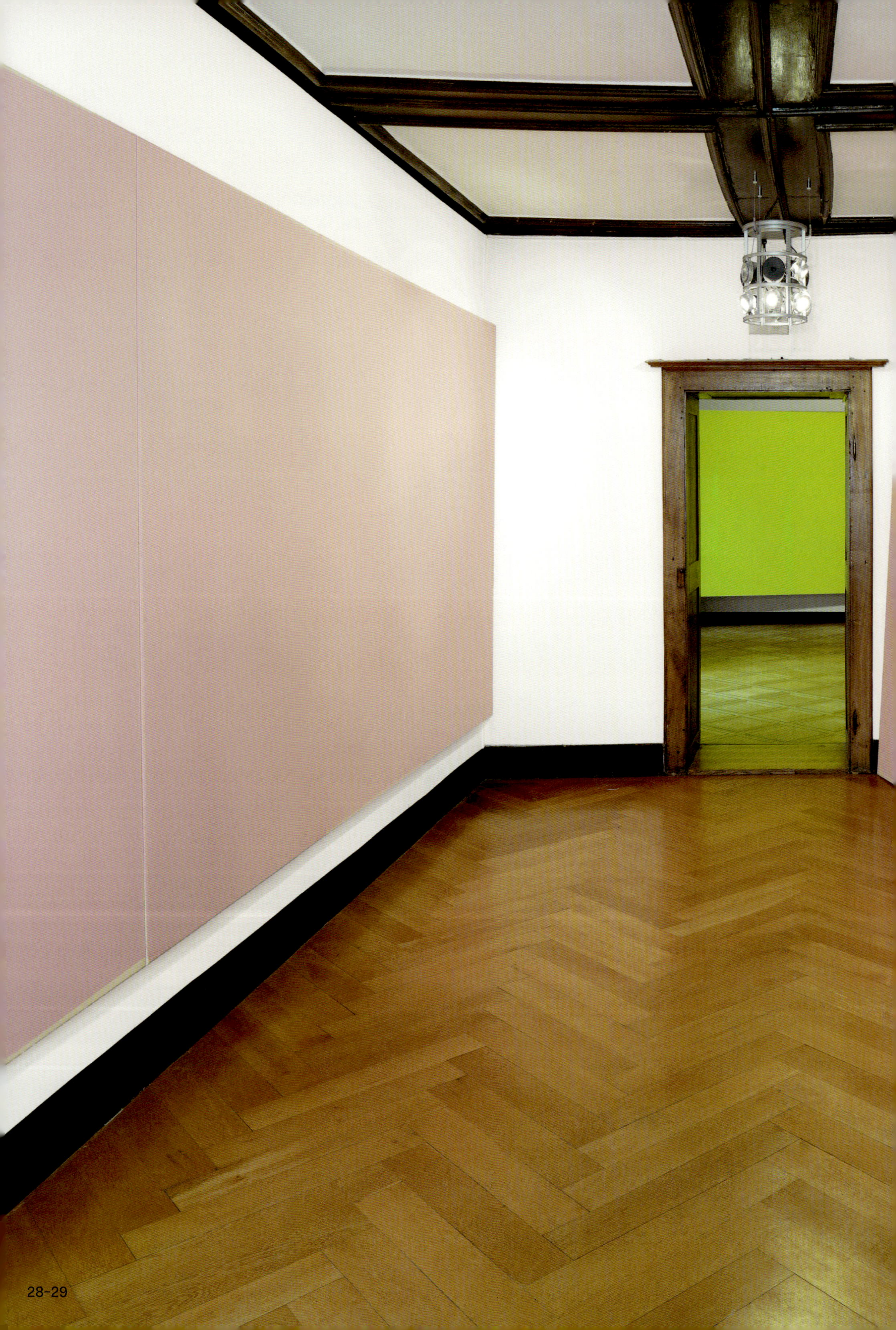

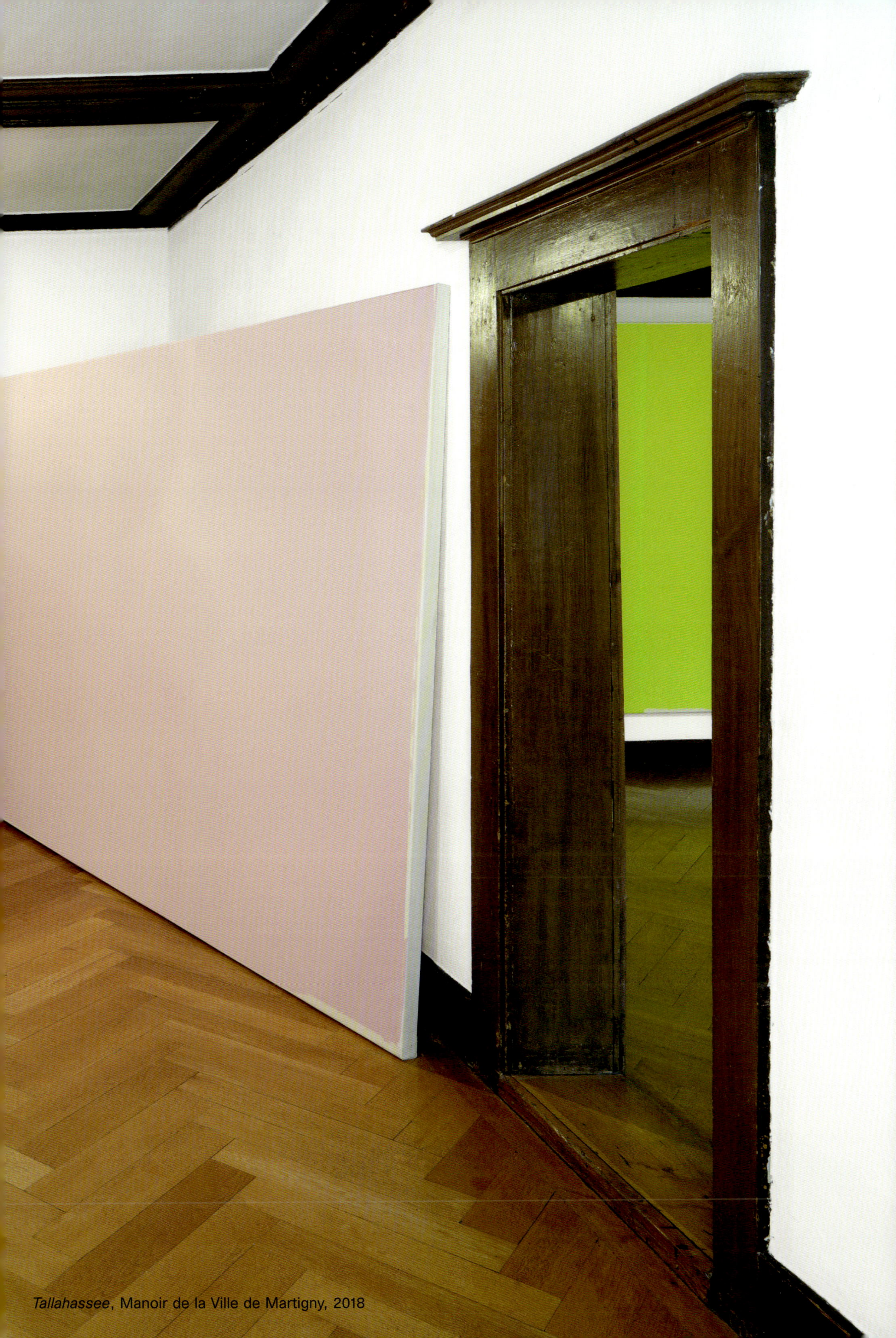

Tallahassee, Manoir de la Ville de Martigny, 2018

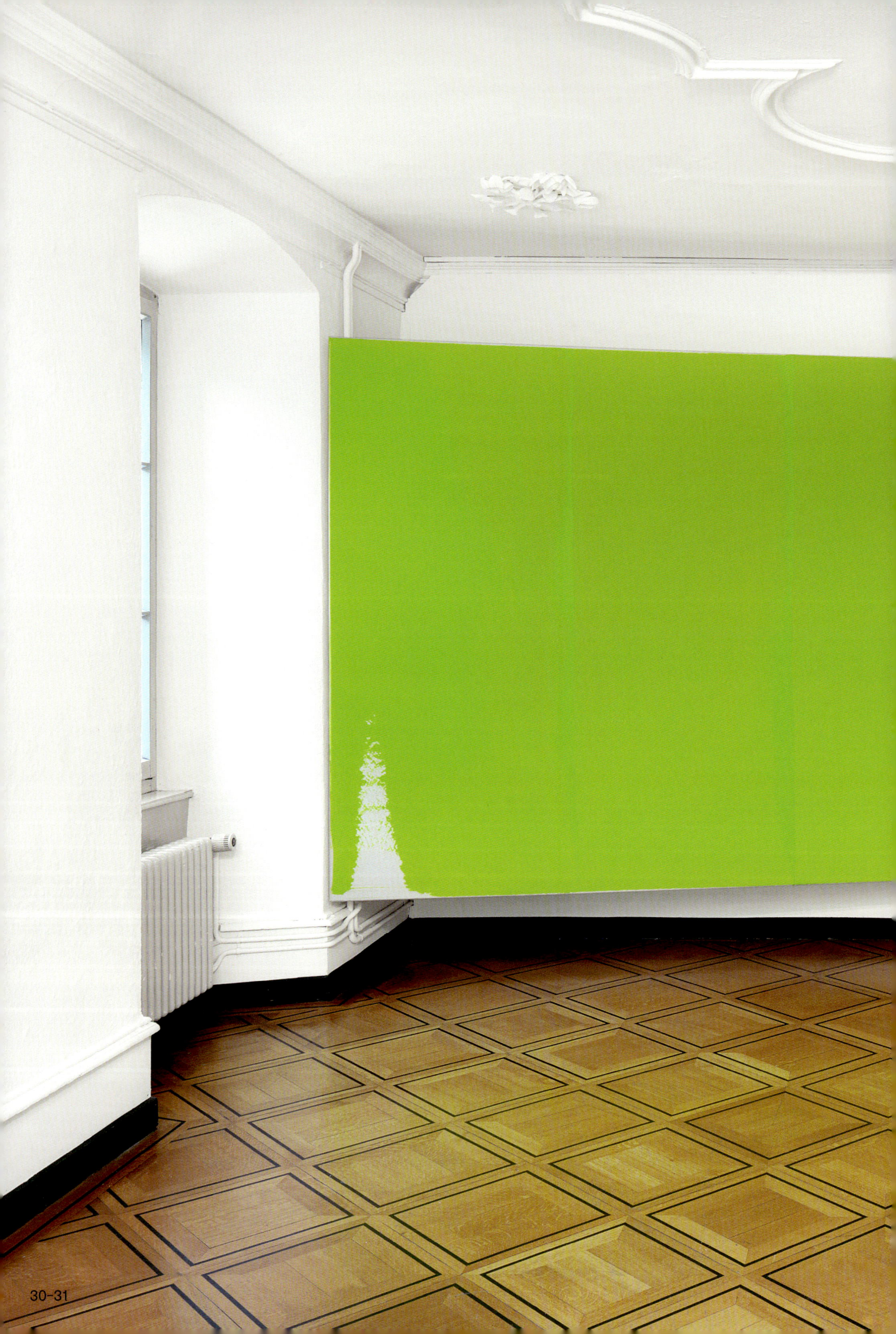

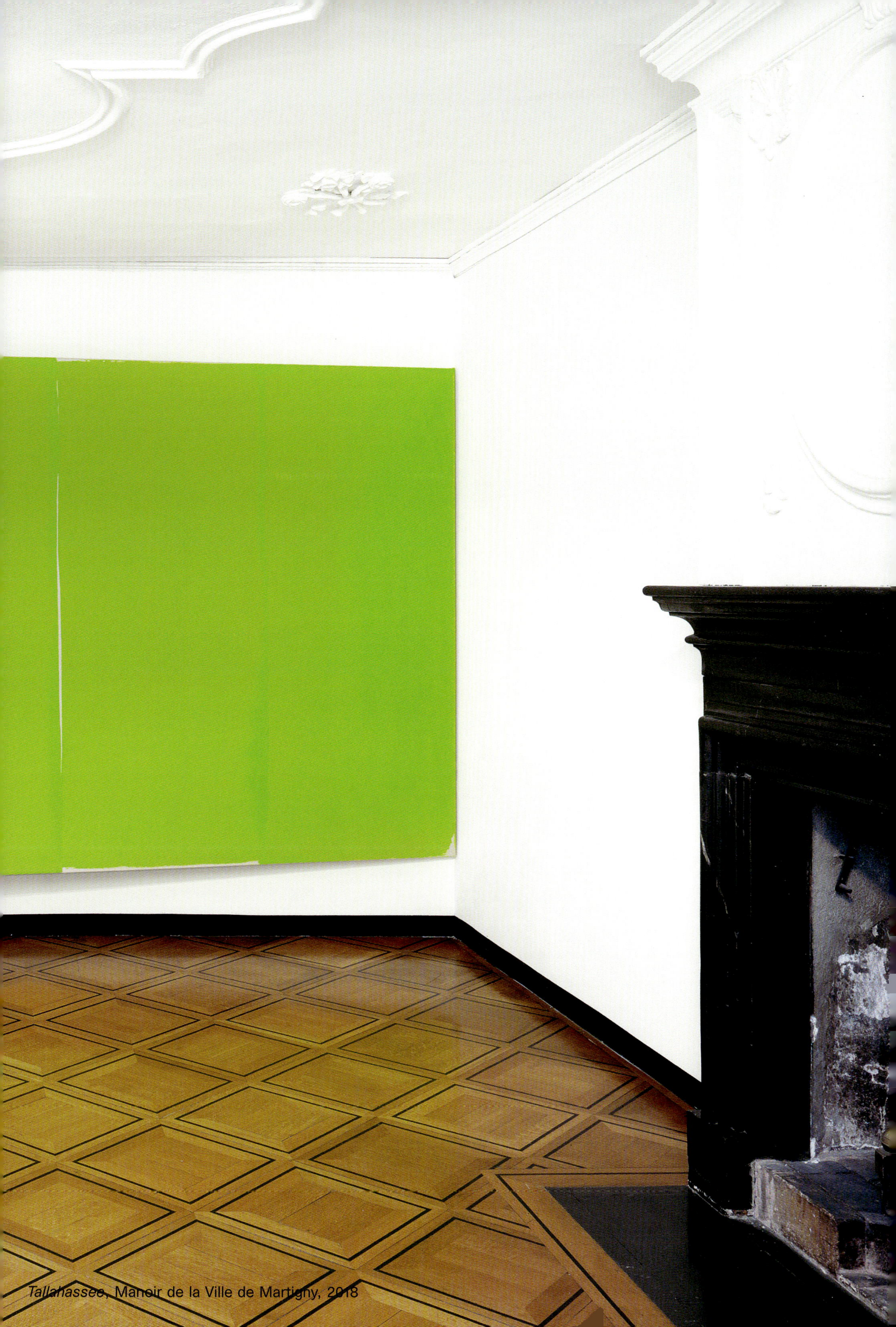

Tallahassee, Manoir de la Ville de Martigny, 2018

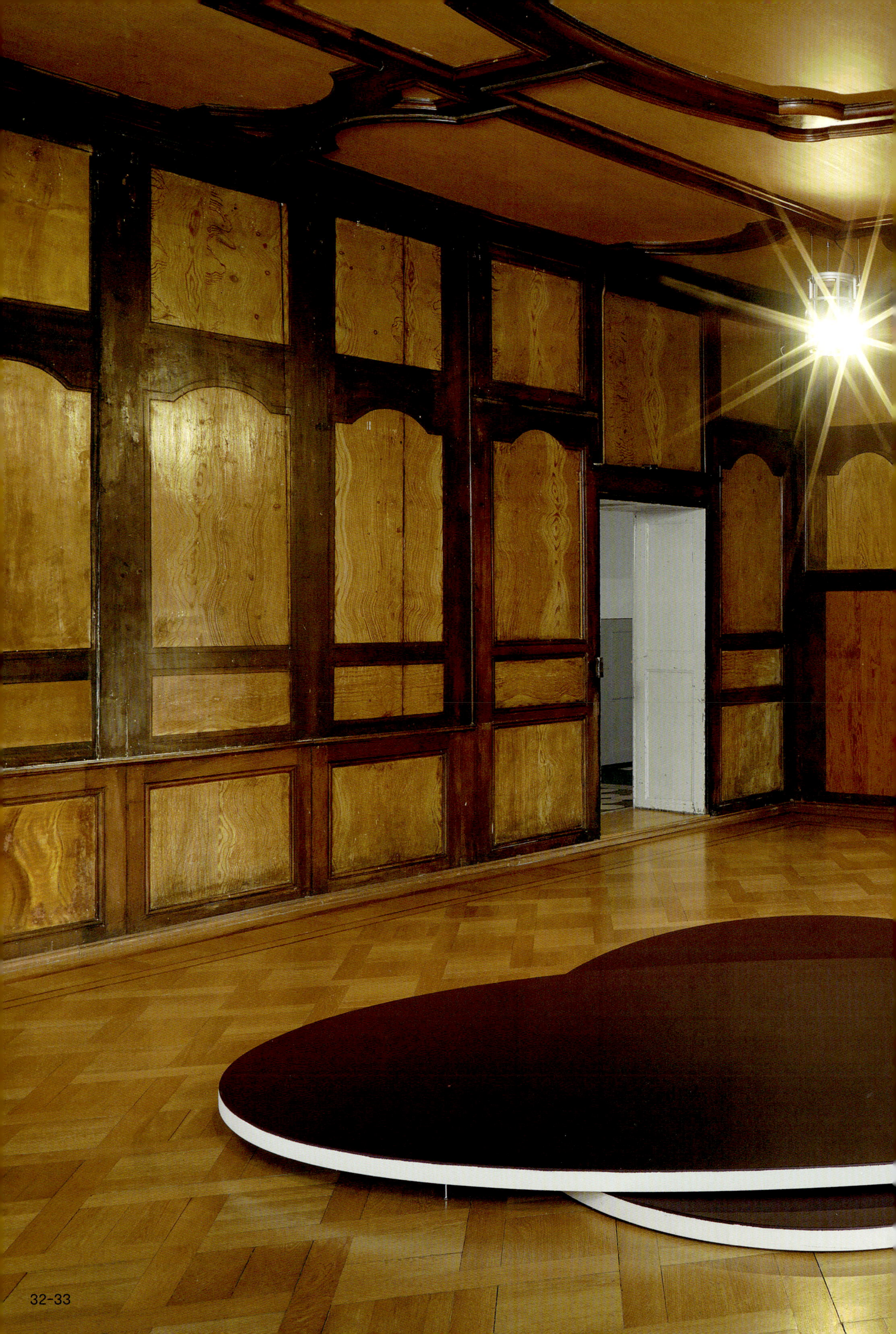

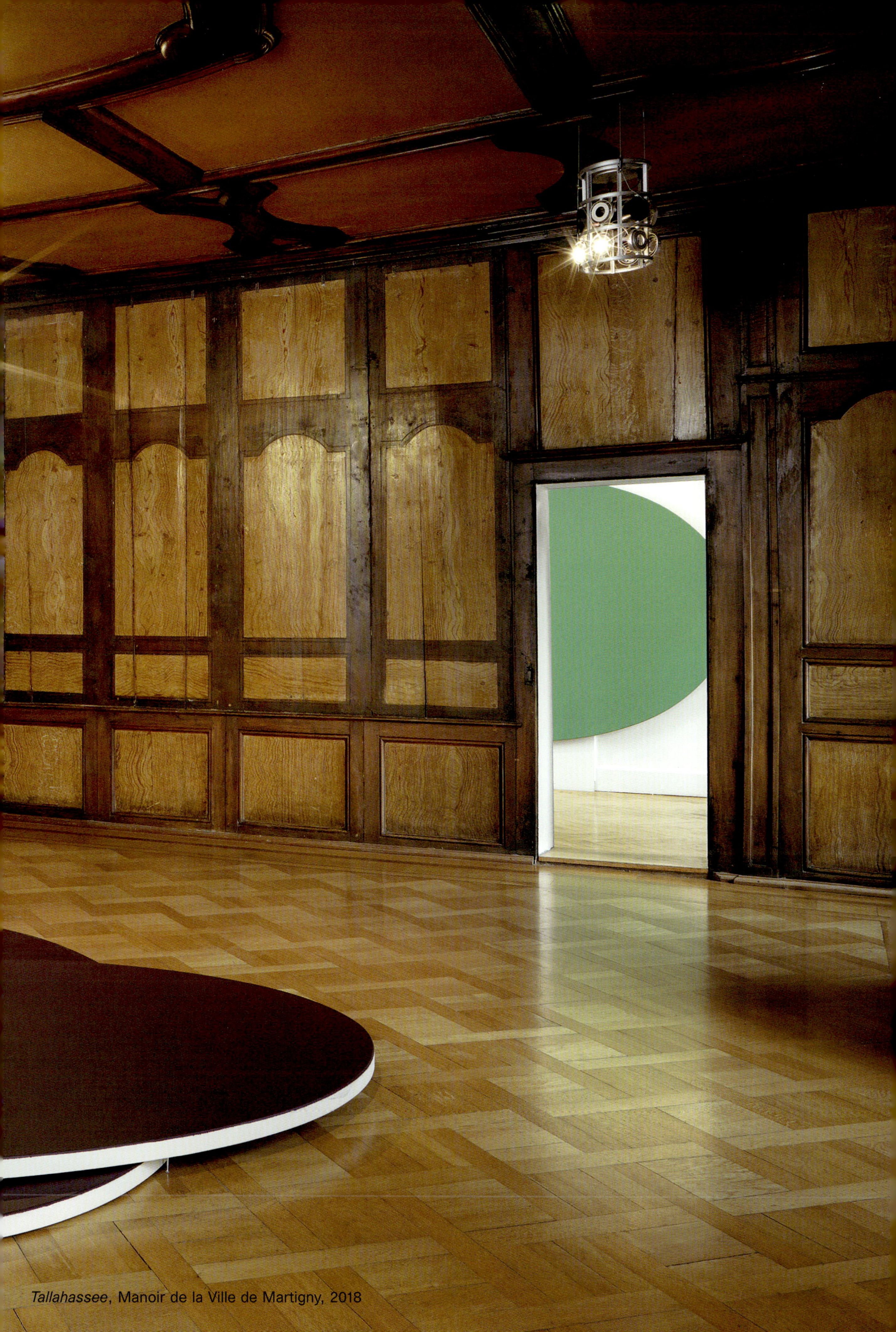

Tallahassee, Manoir de la Ville de Martigny, 2018

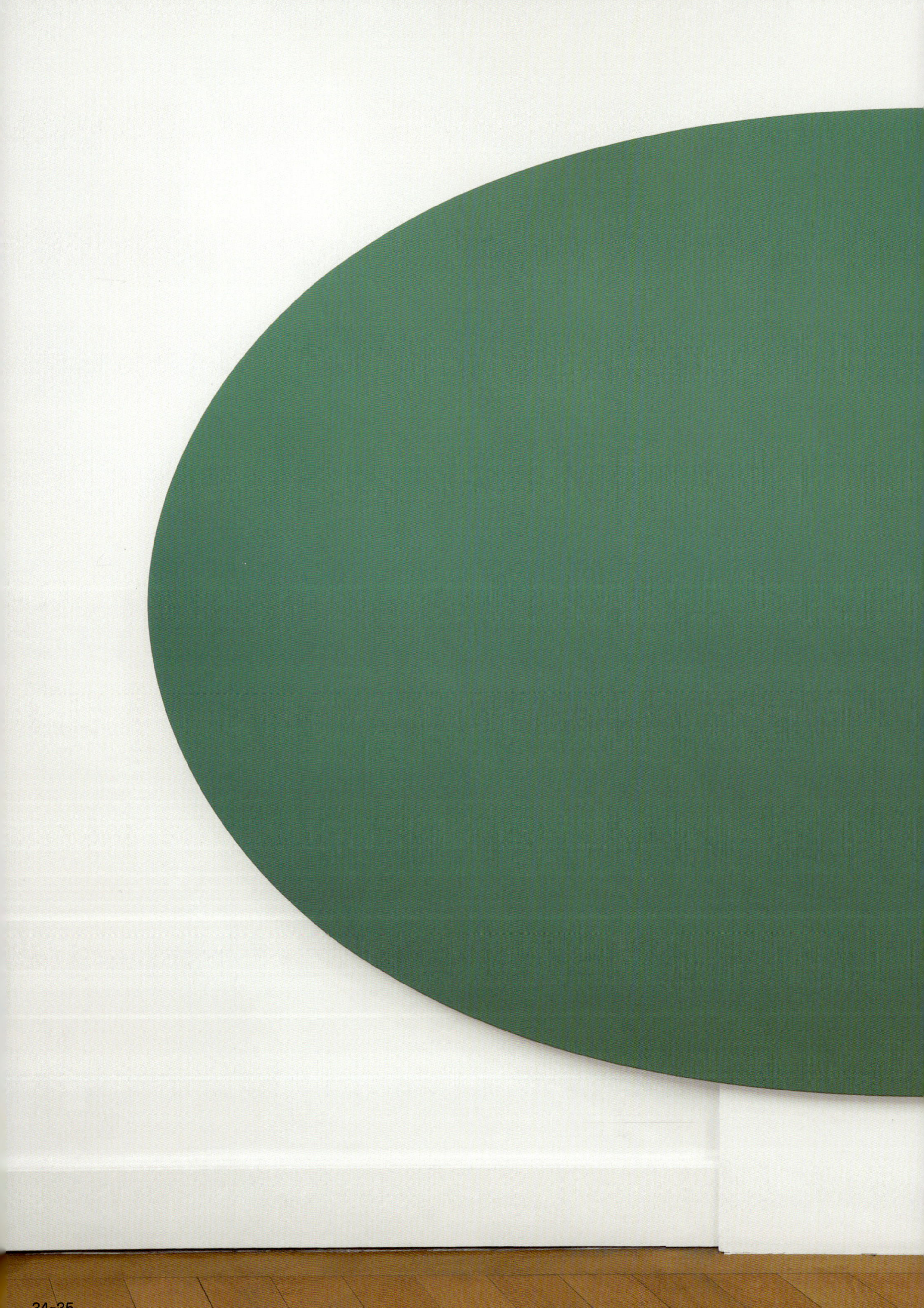

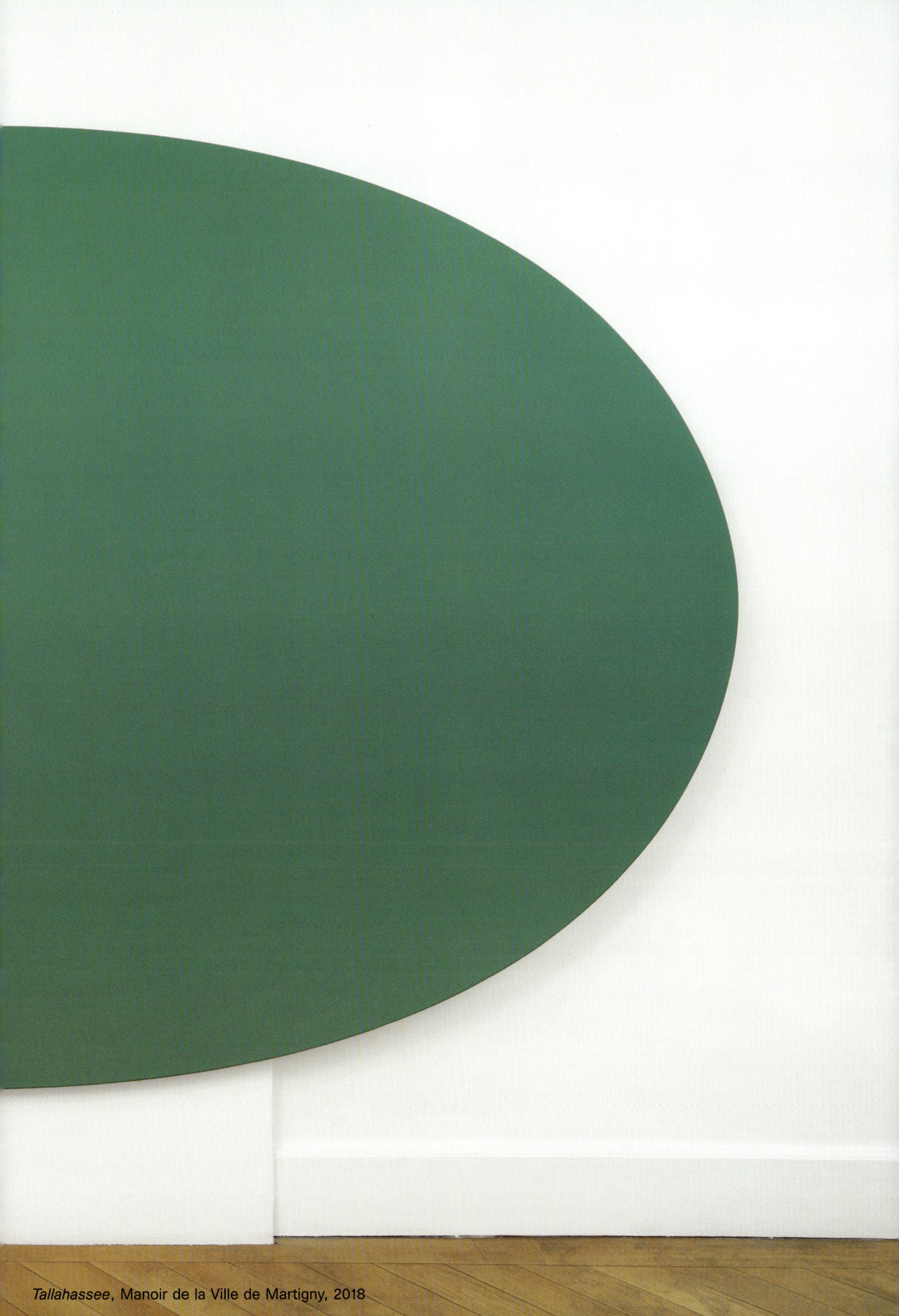

Tallahassee, Manoir de la Ville de Martigny, 2018

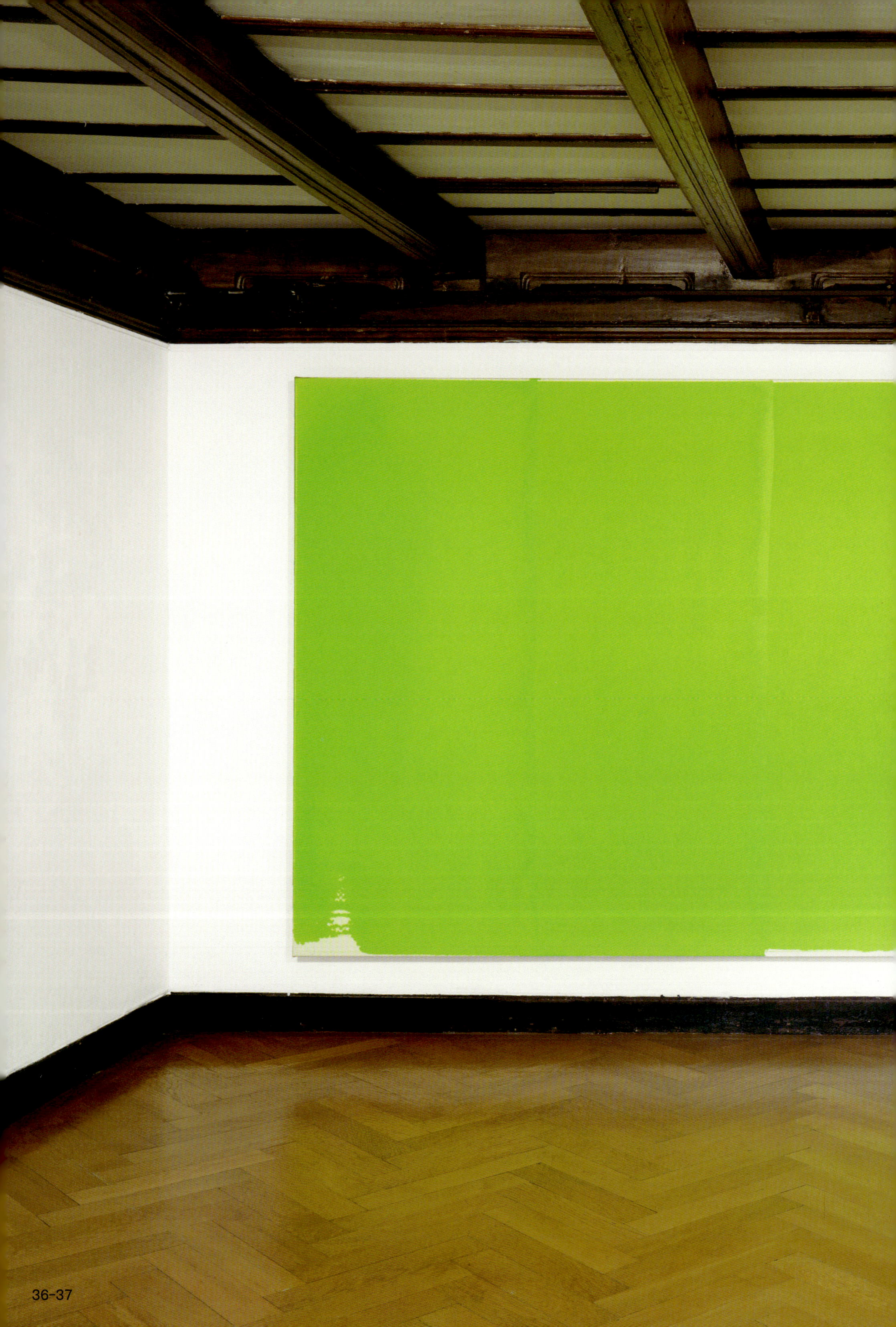

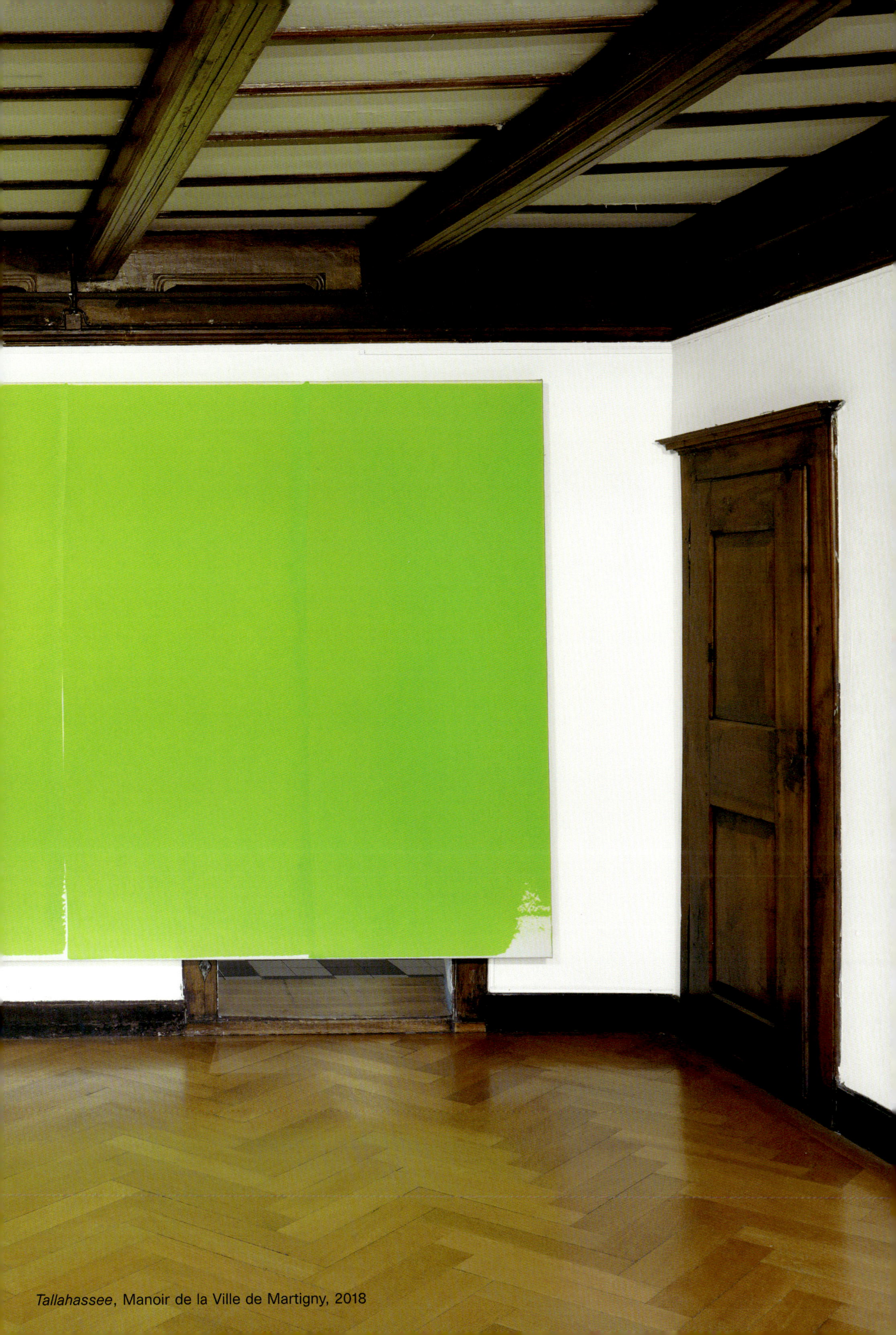

Tallahassee, Manoir de la Ville de Martigny, 2018

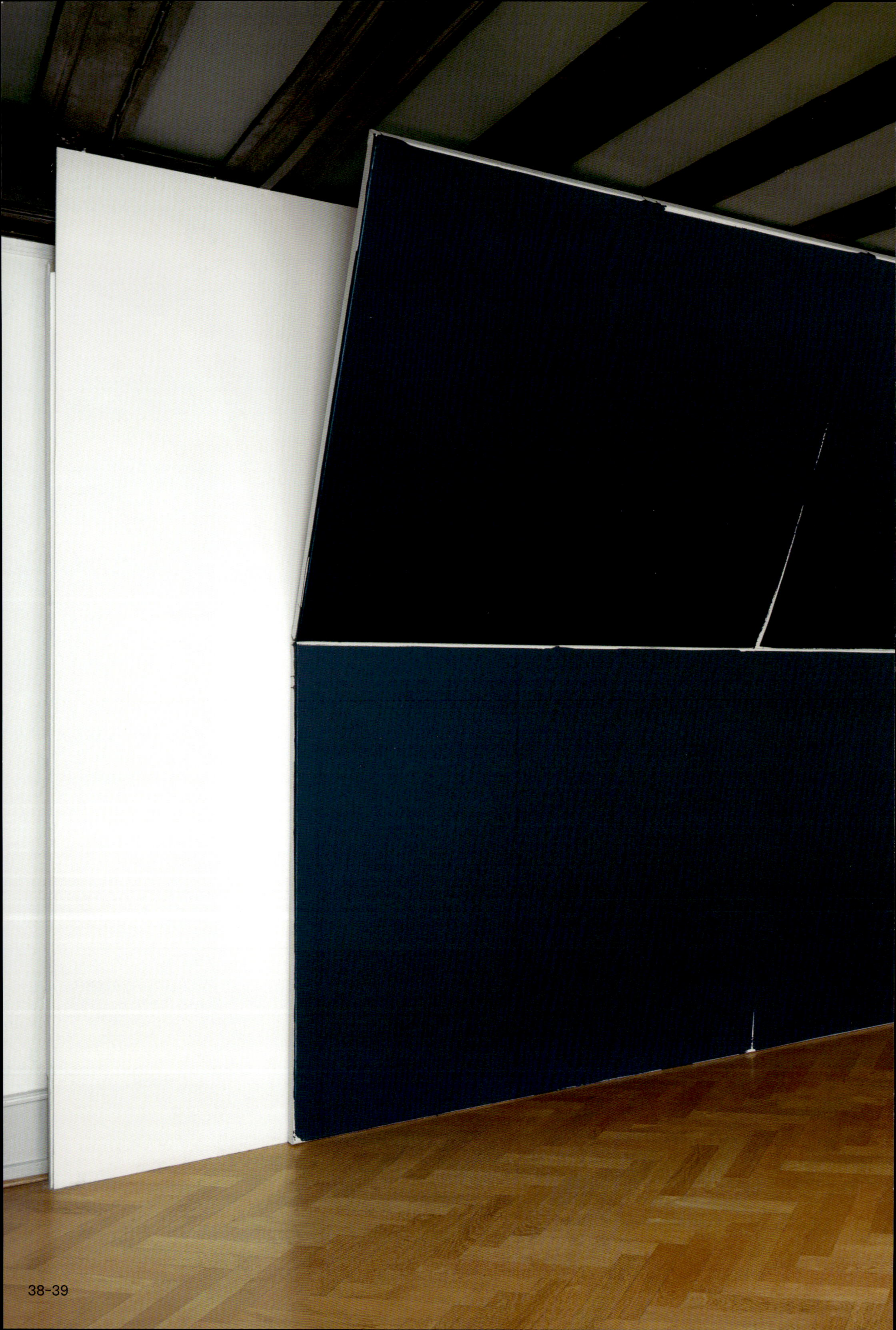

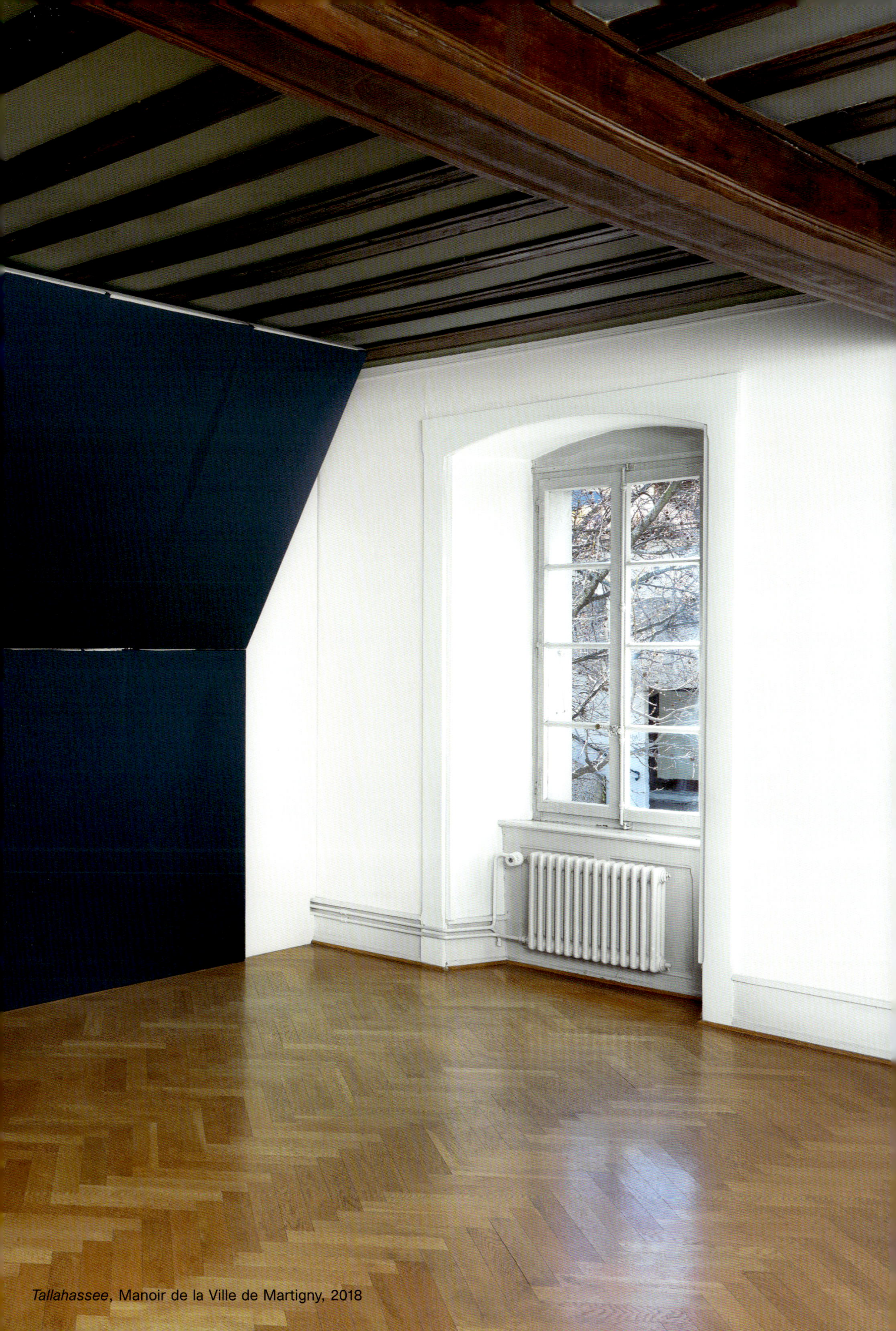

Tallahassee, Manoir de la Ville de Martigny, 2018

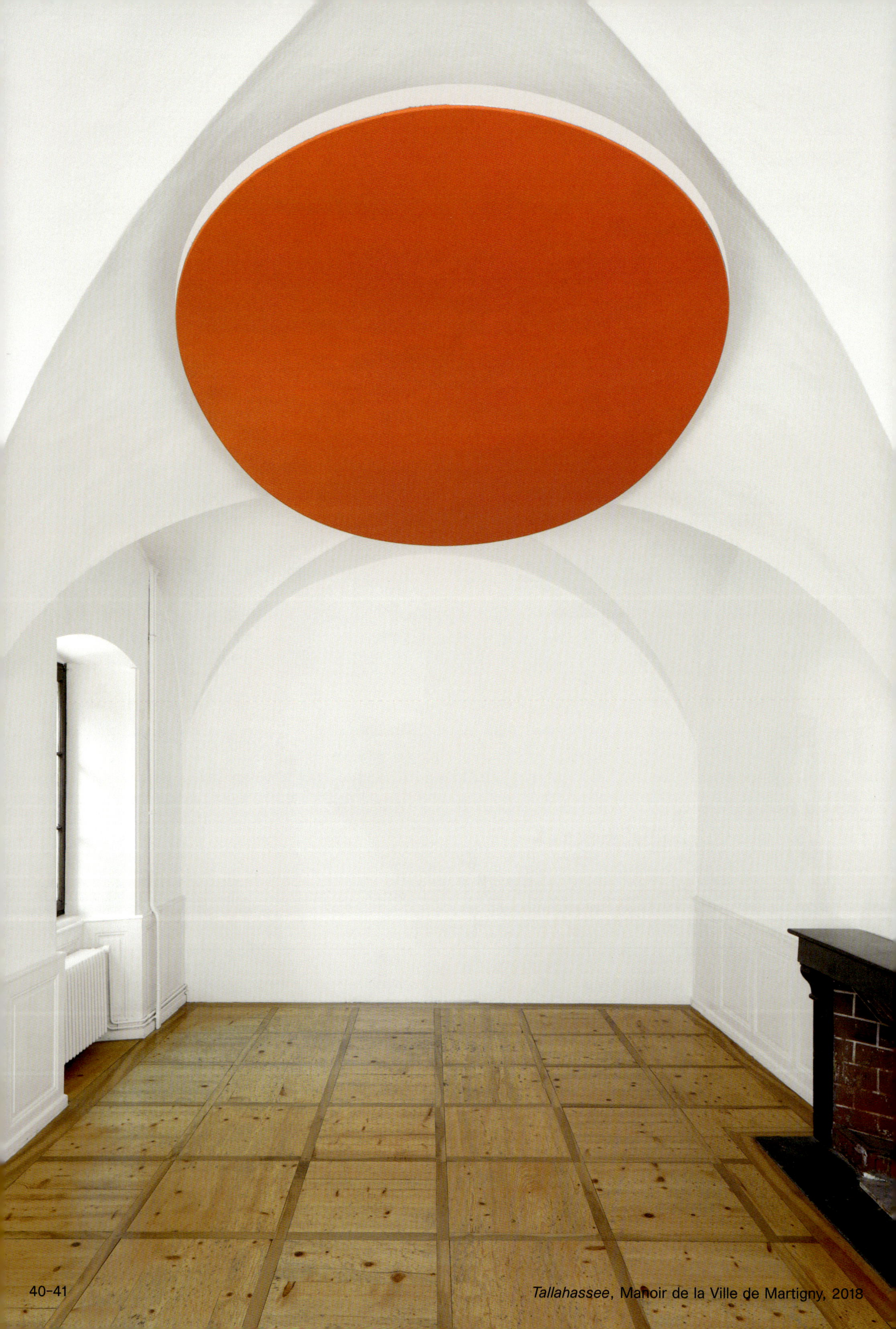

Tallahassee, Manoir de la Ville de Martigny, 2018

Tallahassee: The Musicality of Gesture
Anne Jean-Richard Largey

As long-drawn echoes mingle and transfuse
Till in a deep, dark unison they swoon,
Vast as the night or as the vault of noon–
So are commingled perfumes, sounds, and hues.
–Charles Baudelaire, "Correspondances,"
Les Fleurs du Mal, 1857 (trans. Roy Campbell, 1952)

The seeds for the exhibition *Tallahassee* were sown in 2016 when I first encountered the winners of that year's Swiss Art Awards in Basel. Two imposing paintings faced me, two juxtaposed monochromes standing over three meters tall, one pale gray, the other bright yellow, at an angle to each other, ostentatiously dominating a partition wall that seemed much too narrow and low, deeply unsuited to their proportions. I was impressed by the work's format and title, which made me think of two songs by the American rock band All Them Witches. What is the connection? I eagerly asked to visit the artist's studio so that he could explain. That led to meetings and discussions of his link to abstraction, to forms, to contemporary artists whose work he admires, the Abstract Expressionism of artists like Jackson Pollock, Steven Parrino's crumpled and deformed paintings, the creative protocols of Olivier Mosset and Niele Toroni, the 1980s neo-minimalist school from Christian Floquet to Francis Baudevin, color, color, color, monochrome, the physicality of his painting, the importance of the artistic process and repetition, and then music, music, music, in his life and art. Soon there was an offer for his first major solo exhibition in a Swiss institution. This gave the Manoir de la Ville de Martigny the opportunity to raise the profile of an outstanding young artist based in the region who was attracting attention nationwide, while also giving art lovers the chance to explore a major facet of art history–abstract painting, and the monochrome in particular.

Sylvain Croci-Torti's radical approach to painting, intimately bound up with music and the artistic process, can be sited in a pictorial tradition of geometric abstraction that is still a lively part of the art scene in French-speaking Switzerland, dating back as far as the first decades of the 20th century, when artists like Wassily Kandinsky and Piet Mondrian started seeking a universal form of expression. They rejected figurative art, creating a new artistic language in which lines, shapes, and colors became signifiers in their own right. The Russian Kazimir Malevich was the first avant-garde artist to pay serious attention to the concept of absolute painting, free of references or any attachment to figurative art. He made it his goal to bring art toward a greater truth, to liberate the mind from the material world, to sweep existence into infinite space. While the Russian Revolution was still in full swing, he sought to generate a new language of art, defining an alternative relationship with the world by going back to the basics of color and shape. Taking abstract painting to extremes, he was to influence entire generations of artists who drew on these theories for a century. Malevich's famous 1918 work *Suprematist Composition: White on White,* generally considered the first monochrome in art history, celebrated its centenary in 2018.

Monochrome is the most radical expression of abstraction borrowed by Croci-Torti, who considers it the most suited to "painting music" or "painting like a musician." In the early 20th century, Kandinsky believed it was possible to express Richard Wagner's chords as shapes and colors, playing on the correspondences between sensations of music, sight, and movement. Like music, painting has its own rhythm, its details, its mathematical laws. Line and color are composed as equivalents for notes and rhythm. Kandinsky held abstraction to be a necessity, not to attain pure sensation as Malevich sought to do, but to transmit the artist's inner emotions and bring the art lover's soul into harmony with them through pictorial correlation.

Over a century later, Croci-Torti sees music and painting as inextricably linked. Each canvas is a song in an album of his own compositions, a physical inscription of energy, rhythm, repetition, and distorted sound. Each series pays homage to a group, an album, or a particular song. An amateur guitarist fascinated by minimalist music and the contemporary rock scene, he works on the density of color–vivid, acid, pastel, and cold, drab, dull hues–like scales on a fretboard, mixing high, low, and saturated notes. The Martigny exhibition is a nod to a piece by the American experimental rock group EARTH, pioneers of drone music known for their repetitive, spellbinding, raw rhythms. The song *Tallahassee* is from the 1996 album *Pentastar, In the Style of Demons*: its slow tempo, saturated electric guitars, heavy bass, and single looped lyric "The world–It spins on a crooked axis–Left it twitching by the road," trigger a meditative, hypnotic, trance-like state in the listener.

Croci-Torti's approach to painting involves a regular, rigorous, repetitive process just like his music. While the moment of painting in itself is rather brief, about as long as an individual song, the time needed for preparation is long, physical, and dictated by protocol: building the frame, stretching and preparing the canvas, mixing the color by hand from as many as ten tubes of acrylic paint to obtain just the right hue, then using a silkscreen squeegee to spread it over the canvas from bottom to top with an infinitesimal gap between each upward motion, spreading the paint as homogeneously as possible for a fine, uniform surface. The imperfection of the arm's sweep reveals glitches and bare patches in the mass of paint. The last step is to turn the canvas upside down to show it the opposite way up from how it was produced in the studio, and to display it as an object that takes its rightful place in space.

Croci-Torti and his precursors in geometric abstraction share an interest in space and architecture, highlighting the materiality of painting as a quasi-sculptural object of wood, canvas, and pigments. The eleven monochromes shown at the Martigny exhibition test the limits of architecture and play with the domestic spaces of the manor house, built in 1730. The canvases cut across the corners of its rooms are placed directly on the floor, block doorways, overlap, and stand flush between the wall and the ceiling, or are hung unconventionally from the ceiling itself. The canvases are rectangular on the first floor and oval on the second, appropriating the shape of one of the windows looking out onto the courtyard on quite a different scale–a shape also prominent in the exhibition's publicity material. From acid green to deep petrol blue, soft candy pink, orange, dark purple, and back to opaline green, the canvases engage in a dialogue of shapes and hues from room to room, taking over their space in three dimensions. Sweeping across the walls that bear them sometimes generously, sometimes in a more constrained manner, depending on the size of the rooms, they seem to lose their autonomy to foreground the manor house's unique architectural features, or, on the contrary, force themselves on it by masking these same features. Refusing to reduce his paintings to a frame, or even a wall, Croci-Torti extends his gesture beyond the canvas to the entire surrounding space. His paintings are not content to be mere paintings; they lay claim to the status of sculptures, taking possession of their space and shaping it to their own ends. Their pictorial dimension is marginalized and the spatial relationship between the visitor and the artwork is reborn. The viewer is invited to mentally fill in the immediate space between themselves and the painting that imposes its presence on them.

Kandinsky came to abstraction by seeing art as an "inner necessity." Malevich's ambition was to lead painting toward pure sensation. Yves Klein declared that one of the reasons that led him to paint in monochrome was wanting "to feel the soul without explaining it, without vocabulary, and depict that sensation." Croci-Torti's art is shown in Martigny in all its magnificent subtlety. It holds out an invitation to pause, breathe in the empty spaces, taste the absences, to step outside the physical world and superficial appearances, and to see the world through fresh eyes. Look less, but look *better.* Why not simply drift away with the colors and musicality of the artistic process. If not to the strains of Croci-Torti's doom metal, then perhaps to your own inner music.

Ellipsoid Continuum
Julien Fronsacq

The Song Remains the Same was Sylvain Croci-Torti's somewhat ironic choice of title for his final dissertation. A display of wit that demonstrates a degree of nonchalant arrogance–"I know the tune"–or maybe of anxiety about academic art–"always the same old song." What is certain is that Croci-Torti, deeply inspired by music, was paying homage to an illustrious moment from rock's hall of fame. His dissertation's subtitle added, "And So Does Painting," conjuring up the history of abstract painting, often accused of a sort of stammer that keeps it shackled to the same standard modern repertoire, constantly repeated. The eponymous piece of music and its genesis that Croci-Torti was certainly aware of, offer an interesting new take on the aesthetic debate. It was originally planned as an instrumental opening before being given words and becoming a standalone piece.[1] Painting, like music, never stays the same. For the fledgling artist, rock and how it was assembled were a model for approaching the weighty legacy of abstract painting. Generating new compositions by means of collaborations and cover versions.

In order to link his graduation from art school in 2011 to his recent monochrome works of 2018 it is necessary to delve into the context in which his project came to maturity. The history of abstract art in French-speaking Switzerland is often understood in the light of Concrete art, a movement that arose in around 1936 in the Zurich region, with Max Bill as its guiding light. For the German-speaking artists who took up his approach, deeply attached to the principles of rationalism, the term referred to a vertical structure with the phenomenal world below and the spiritual world above. The area around Lake Geneva, which had its own history of painting, took a broader understanding of the concept with an approach to abstraction that was both formal and conceptual. One of its leading figures, Olivier Mosset, constantly intervened in unexpected new contexts, from the BMPT Group in Paris (1966–1967) to New York's Radical Painting movement (1975). Mosset breathed new life into the repeated motif as a critique of the signature in art by appropriating it, and did likewise for the reduction of painting to monochrome by exploring the process of production. Such triangulations were also geographical in nature, as Mosset linked Switzerland, Europe, and the United States, particularly Neuchâtel, Geneva, Paris, New York, and Tucson. For John Armleder, by the late 1970s, monochrome evoked decoration, and abstract motifs became ornamental furniture (the *Furniture Sculptures*, starting in 1979) or cave paintings (exhibition at the Galerie Marika Malacorda, 1980). Armleder designed spaces suited to the migration of qualities and the exchange of status. Since the 1960s, many artists in the region around Lake Geneva have been greatly attached to drawing on a formal, modern, simplified vocabulary in order to inscribe it in a physical or cultural space–something that the formalist American theoreticians had banished. According to Michael Fried, minimal art cannot interact with the physical space where it is presented, at the risk of generating a damaging sense of theater. Clement Greenberg held that the work must focus on its essential modalities, such as flatness and opticality, to withstand the cultural industry's inevitable onslaught. Croci-Torti is heir to this extensive history of painting unfettered by formalist demands.

Croci-Torti draws on the history of the monochrome to tear it from its abstraction, revealing its material conditions of visibility, production, and display. Since his well-known series *Uh Huh* (2015), how the surface is covered depends on the quantity of paint placed on the silkscreen squeegee. Monochrome here shakes off the chains of reductionist, optical laws. Croci-Torti long explored the possibilities of abstraction and geometry before focusing his attention on its simplest expression in monochrome, which he has used to produce an ongoing series of highly unorthodox works. He uses a process that is in principle immaterial –a swathe of color–to foreground its material roots and its contingency. He has designed a system that dictates the size and shape of the canvases and the quantity of color. Rather than the usual paint and paintbrush combination, he uses silkscreen ink and a special squeegee. The color is laid down in broad swathes, its carefully calculated volume sometimes leaving an area unpainted, echoing the stripe paintings of Barnett Newman, who saw artists as entrusted with a higher mission, which consisted in giving shape to truth.[2] In both cases, the unpainted space hints at a physical action, but in Croci-Torti's case, it is less a hint of truth than a hint of his technique and its limitations. When Yves Klein showed his first monochrome at the Salon des Réalités Nouvelles in 1955, the committee decided the painting was not up to scratch.[3] Modernity has often seen monochrome and gestural painting as separate. In the early stages of Croci-Torti's career, his monochromes made no use of impasto for pictorial effect, but the canvas did bear the traces of his physical effort to cover it in color in the form of bare patches and layers of paint. The effort was not intended as spectacle, but rather a fragile attempt to achieve a simple object and a uniform bed of color. The painted canvas was conceived as a contingent object, for which the lack of paint coverage in parts was a logical corollary.

In the space of just a few years, his canvases have become almost sculptural, even architectural. Croci-Torti and Guy Meldem presented a series of monochromes on pedestals in the exhibition *Such R Grert Feeling* (Les Mouettes, Vevey, 2015). The use of pedestals gave the impression of a sculptural installation, thus highlighting the contradiction inherent in the monochrome. The presentation of an expanse of color drew attention to the materiality of its support. For the Swiss Art Awards (Basel, 2016), Croci-Torti was invited to design an exhibition space and his artistic intervention. His chosen alcove of three partition walls formed the backdrop for *The Marriage & The Death of Coyote Woman* (2016), a diptych of canvases almost as large as the partitions themselves. Produced using his usual method, the two almost uniform monochromes opened up like a book. Hung at an angle of more than 90° to each other, the architectural scale of the paintings mirrored and unsettled the architecture that hosted them.

Croci-Torti's recent solo exhibition at the Manoir in Martigny featured a brand new set of paintings as an *in situ* installation. Through the suite of rooms, the works stopped being mere paintings and became painted canvases of different shapes in different physical positions, sometimes blocking a doorway, or standing on one side, lying flat on

the floor, or caressing the ceiling. The works were installed
to create a genuine sense of ongoing discovery, like a
choreography of colorful fields, reaching a climax with the
painted oval canvas that hung from the ceiling. The shape
of the canvas against the Manoir's vaulted ceiling evoked
a masterpiece by Francesco Borromini. The young artist
comes from the Tessin, from the town of Stabio, just like the
great Italian baroque architect. Croci-Torti would certainly
have appreciated the debate activated by Borromini's ellipse
in the middle of the Roman baroque. The ellipse–a recurrent
motif in Borromini's architectural designs–is a key feature
of the Baroque insofar as it is a natural form. The dome of
the church of San Carlo alle Quattro Fontane in Rome is a
simple oval with deep interlocking coffering set above a more
complex form of lozenge and circles. This kaleidoscopic
vault, which seems to give rise to multitudinous forms, was
roundly scorned for its alleged anti-naturalism. But Borromini
was very inspired by Johannes Kepler, who modeled
snowflakes and the elliptical trajectory of stars in the night
sky.[4] From the infinitely small to the infinitely vast, the ellipse
is the form of a continuum connecting nature and geometry,
concrete and abstract. Building on this ellipsoid continuum,
Croci-Torti breaks with the vertical dogma of Concrete art
and the modernist definition of the monochrome to redefine
it in terms of the body and of architecture.

1   "It was originally going to be an instrumental–an overture
that led into *The Rain Song*. But I guess Robert had
different ideas. You know, 'This is pretty good, better
get some lyrics–quick!' [laughs] … I had all the
beginning material together, and Robert suggested that
we break down into half-time in the middle. After we
figured out that we were going to break it down, the
song came together in a day … I always had a cassette
recorder around. That's how both *The Song Remains
the Same* and *Stairway* came together–from bits of
taped ideas," in "Interview with Jimmy Page,"
Guitar World Magazine, 1993. Available online at
www.iem.ac.ru/zeppelin/docs/interviews/page_93.gw.

2   "It is not enough for the artist to announce with
arrogance his invisible position: that the job of the artist
is not to discover truth, but to fashion it, that the artist's
work was done long ago. This position, superior as it
may be, separates the artist from everyone else,
declares his role against that of all." Barnett Newman,
"The First Man Was an Artist," *Tiger's Eye* 1,
October 1947, in John P. O'Neill (ed.), *Barnett Newman:
Selected Writings and Interviews*, University of California
Press, Berkeley 1992, p. 156.

3   Denys Riout, *La Peinture monochrome. Histoire et
archéologie d'un genre*, Folio, Gallimard 2006, p. 34.

4   Étienne Barilier, "San Carlino L'Unique," *Francesco
Borromini. Le Mystère et l'éclat*, Presses polytechniques
et universitaires romandes, Lausanne 2009, p. 49-50.

A Joyous Lassitude
Sylvain Croci-Torti in Conversation with Samuel Gross

Sylvain Croci-Torti never hesitates to transgress the supposed limits of painting. He amplifies the effects and impacts of a form of radicality, which he uses as a springboard to identify series of practices that allow us to admit a history that he believes is common to all of us. We interviewed him about his work, taking his first major solo exhibition, *Tallahassee* (2018), as our starting point.

Throughout the exhibition, vast monochrome stretchers were embedded in the architecture. The proportions were reversed and the colors constrained the space. The young artist played with the building's imposing architectural structure using two systems over two floors. On the first floor, vast rectangular frames brutally sliced across the rooms, their format making it inevitable that they rest on the partitions or ceiling to create new angles, a new geometry. The manor's thick walls were reduced to a rigid translucent shell. The drab tones and massive expanses of color foregrounded the particularity of the artistic process. The paintings presented themselves in their own space, meeting architecture head-on, and seemed to yield a gesture taken to its physical limit.

The artist apparently expends boundless energy on containing his surfaces and covering them with a series of vast imprints in a gesture that is both colorful and repetitive. The painting comes into being through this movement, in this direct, rapid, effective process. The canvases condense this raw energy and also deflect it.

"What I am really interested in is finding a unique protocol for spreading color on a surface. The final finish barely matters. What strikes me as important is using the most radical means possible to cover a given surface. If possible, deflecting an industrial technique to confront it with a gesture, with a human, not a machine. Which, sooner or later, will cause an accident. I love the idea of keeping the use of brushes to a minimum, or making my own out of objects around me. That is what I did with this squeegee, a tool used in silkscreen printing to coat the frames with emulsion."

Borrowing one of the gestures of silkscreen printing, a technique he has mastered perfectly, Croci-Torti scrapes paint across his monochrome canvases with a squeegee. The texture of the single color maintains the memory of its own mass, literally infusing the zones with the most color and sometimes tearing when the scraper glides over it. The colors have no thickness, but rather a profound density. Their heavy liquid state can still be seen. The huge stretchers become viscous sails, their dimensions limited by the possibilities of gesture.

"When I don't decide to play with space, the format of my canvases is directly linked to my own height. The basic format I use is 190 × 150 cm, the classical dimensions of a full-length monumental portrait, or in my case, a self-portrait, as I stand 190 cm tall in trainers. I constantly return to this format with all sorts of variations, from all angles, transposing the short and long sides or vice versa. When I produce shaped canvases, on the other hand, I don't insist on any rules."

In most cases, however, Croci-Torti's canvases confront architecture.

"I was always impressed by the monumental works of art I saw around me as a child. I grew up in the Chablais region of the Swiss Alps, the last stretch of the Rhone valley before it opens up into Lake Geneva. I think that being a child surrounded by mountains, bridges, and dams made me realize the impact of erecting a construction on a given site. I found the same impression of a power relationship, albeit on a different scale, in the play of dimensions in the works of 20th-century American artists. Pollock's canvases, Serra's sculptures, the Rothko Chapel, and nearer to home, Mosset's outsize formats. That sparked my urge to play with space, like an architect given the opportunity to build a dam or a major new civil engineering project.
     "I love abstract painting as it is shown to us, hung traditionally, and I always enjoy making a 'standard' size canvas, but whenever I get the chance, I seek a physical rapprochement with space. For me, that relationship,

that confrontation, is a key aspect of abstract painting, just as volume is for music. In some cases, music has to be played loud to feel all the tiny nuances intended by the musician."

On the exhibition's upper floor, Croci-Torti appropriated a shape he identified in the Manoir's architecture. To map it precisely onto the available exhibition spaces, he enlarged the slightly elongated stretcher of an old window frame. In the end, over the three rooms he played with the history of decorative painting with four large monochrome ovals. While one is placed on the ceiling in a nod to the classical decorative tradition, the three others tilt our gaze–from the ceiling to the walls and finally down to the floor, the history of painting flakes off in great monochrome swathes. This time, the gesture seems absent. The color is laid down in successive, regular, repetitive movements. The hues are drab and dense, deflecting Croci-Torti's seemingly disproportional grasp of the space of the canvas.

The canvas itself does not appear, and the materiality of the paint can be read differently. The complex structure of the wood frames is merely hinted at. Surface becomes relief. The historic building's beautiful, delicate woodwork seems to have been turned on its head to become a support for painting. The quality of the outsize formats lies in the deliberate utterance of their own weaknesses and their quasi-invisibility. The canvases fade into the background but cannot be forgotten. They reactivate the insolent, irresolute presence of certain radical works.

The artist loves this paradoxical invisibility, completing it with extremely precise color choices. If, on many occasions, he has repeatedly played with his own fascination for gray scales, particularly on the exhibition poster, his tints are sophisticated, responsive blends of color.

"It took me a while to find my own palette. I long thought myself incapable of depicting the colors I had in my head, until the day I understood which ones to use. I imagine the process is the same for all painters. You have to find your own colors, struggle with them, they don't just turn up of their own volition. I think I found mine in a sort of melancholy. They are all rather drab. I think it amuses me to paint with such drabness, although music is one of the central elements in my work.

"I have also always enjoyed thinking about screens. I try to radicalize my thinking with each new canvas. The idea of using silkscreen printing to paint a gray monochrome with a four-color technique, using a technique designed to depict maximum detail in the broadest spectrum of colors imaginable, is absurd. But that's what I like. I find it so contradictory that it kind of makes sense. I try to push a nonsensical idea to its limit."

The precise, elegant architecture of his great ovals and his huge *tondi*, with their warm, full hues, form a discrete series of canvases, of which he has shown occurences regularly in exhibitions. They are like vast chambers saturated with infra-bass sound.

Sylvain Croci-Torti's colors may be dull and heavy, his gestures repetitive and empty, yet each of his works bears within it the seeds of joyous lassitude. Melancholy is nuanced and counterbalanced in his oeuvre by a critical distance and the weight of personal experience.

"I followed a standard training course in Switzerland, an apprenticeship. I learned sign painting as a trade, which is, to me, the best basis for getting into fine art school. In that professional setting, the importance of good work and rigor was drummed into me. In a way, I had to unlearn those values when I went to art school and try very hard to allow myself to work with accidents and imperfection. It was in looking at work by painters like Steven Parrino, Blair Thurman, and Christopher Wool that I grasped the importance of balance between rigor and freedom on a canvas. I tried to find a unique way of painting, to appropriate a gesture, and to define an intention in the act of painting. I have therefore been able to keep cultivating rigor and accuracy in the construction of the frame and in stretching my canvases."

This extreme precision generates reversals of scale. It lets us take in the fluidity of the vast, rigid frames, or read the massive swathes of color as fragile fragments of architecture. This is what makes Croci-Torti's works unique. Fascinated by minimalist music and its contemporary echoes, he knows that color, like sound, is a mass with a density that can be worked with.

In fact, the Martigny exhibition takes up a famous title first used by EARTH, the group known emblematically for the insistent permanence of its raw rhythms. In this piece, like in many others, a wall of guitars gradually splinters, propelling the listener into a new dimension of sound. Croci-Torti's canvases send guitar riffs resonating in our heads making us forget, once again, that this painting is dead.

"Initially, music was my only passion. I have always found refuge in it, it's really the medium that takes me out of myself. I couldn't live without music or concerts. It is kind of an addiction for me. I am also fascinated by the guitar, both the object itself and the various ways it can be used to produce sounds. You can be gentle with a guitar, but you can also be violent. It is a tool that directly transmits the emotion of whoever is playing it and suddenly bears witness to a moment, an energy. When it comes down to it, it's a very simple instrument, like the paintbrush. When I was a student, I was so obsessed by music that I tried to depict it. I tried naively to paint it and reproduce it just as I heard it. I painted guitars and portraits of musicians or I made totems symbolizing amps and drumkits. Then, inevitably, I realized that my intentions were immature and did not fit what I intuited I wanted to achieve. What touches me about music is not musicians or guitars per se, but the gesture, the attitude, the energy embodied in it. I even came up with a sort of private mantra: 'Don't paint musicians, paint like a musician!' Since then, I have always composed each painting like a piece of music, with its own rhythm, structure, repetitions, and freedoms."

Tallahassee is also the name of a university city in Florida where Paul Dirac–recipient of the Nobel Prize for physics in 1933, a native of Saint-Maurice, a town not far from Martigny–developed his research on antimatter, enabling physicists to theorize the precise instant when mass turns into energy. Is that not exactly the experiment Croci-Torti urges us to undertake?

"Less-is-new"
Blair Thurman

I first saw Sylvain Croci-Torti's work at the "young artists" show part of Art Basel–the Swiss Art Awards–now several years back and I remember mentioning to Samuel Gross how it came across as familiar but new; almost less-as-new–like a haunting–paintings without density yet insistent in the space and distilled to that function. They lean across corners like someone leaning on your car–they loom, they block, they hover–and this insistence is a key element of the lineage of minimal painting "old school" as in the *Zoolander* film's walk-off reference with difference is essential. These paintings are pushy, but they carry the traditions of the genre.

I admit to being a stay-at-home, an intentional recluse –I mostly see only the things I really know–so I see in the work Parrino, Mosset, Bill, Buren (maybe even me a little), but that's minimal painting as it is–an old school. The interrelation is a pleasure and a strength, and as an outsider, I dare say very Swiss.

I had the occasion to assemble and show a work from 1992, *The Speedway Painting*, recently after 25 years and there was that leaning and looming that I liked so much in Croci-Torti.

In those days I had been pursuing a "less-than-painting," but I think the real goal was "less-is-new."

Tallahassee : la musicalité du geste
Anne Jean-Richard Largey

Comme de longs échos qui de loin se confondent
Dans une ténébreuse et profonde unité,
Vaste comme la nuit et comme la clarté,
Les parfums, les couleurs et les sons se répondent.
– Charles Baudelaire, « Correspondances », *Les Fleurs*
du Mal, 1857

Les prémices de l'exposition *Tallahassee* remontent à 2016 alors que je découvre à Bâle les lauréats des Swiss Art Awards. Deux peintures imposantes me font face, deux monochromes accolés de plus de trois mètres de hauteur, l'un gris clair, l'autre jaune vif, formant un angle et s'imposant avec prétention sur une cimaise qui me semble beaucoup trop étroite, beaucoup trop basse, ou si peu adaptée à leurs proportions. Cette œuvre m'impressionne par son format et son titre qui m'évoque deux morceaux du groupe de rock américain All Them Witches. Quel est le rapport ? Je m'empresse de demander une visite d'atelier à l'artiste pour qu'il m'explique. S'ensuivent des rencontres et des discussions autour de son lien à l'abstraction, aux formes, aux artistes contemporains dont il admire le travail, à l'expressionnisme abstrait d'un Jackson Pollock, aux peintures froissées et déformées d'un Steven Parrino, aux protocoles créatifs d'Olivier Mosset et Niele Toroni, au mouvement néo-minimaliste des années 1980 de Christian Floquet à Francis Baudevin, à la couleur, la couleur, la couleur, au monochrome, à la physicalité de sa peinture, à l'importance du geste et de la répétition, et puis à la musique, la musique, la musique, dans sa vie et dans son art. Très vite, l'invitation était lancée pour une première exposition monographique d'envergure dans une institution suisse. Cela offrait l'occasion au Manoir de la Ville de Martigny de donner une visibilité au travail de grande qualité d'un jeune artiste actif dans la région et dont la reconnaissance est grandissante au niveau national, tout en offrant au public la possibilité de revenir sur un pan majeur de l'histoire de l'art, celui de la peinture abstraite et plus spécifiquement du monochrome.

L'approche radicale de la peinture de Sylvain Croci-Torti, intimement liée à la musique et au geste, s'inscrit dans une tradition picturale d'abstraction géométrique toujours vivace en Suisse romande et qui remonte aux premières décennies du XXe siècle, alors que des artistes comme Wassily Kandinsky ou Piet Mondrian recherchent une expression universelle, renoncent à la figuration et créent un nouveau langage formel où la ligne, la forme et la couleur deviennent par eux-mêmes signifiants. Avec l'avant-garde russe, un certain Kazimir Malevitch va être le premier artiste à se pencher sérieusement sur une peinture absolue, libérée de toute référence ou réminiscence figurative. Il se fixera comme but de la conduire vers une plus grande vérité, de libérer l'esprit du monde matériel pour faire pénétrer l'être dans l'espace infini. Dans une Russie en pleine révolution, il cherchera à produire un nouveau langage artistique, à définir un autre rapport au monde en revenant aux fondamentaux, à savoir la couleur et la forme. Poussant la peinture abstraite dans ses limites, il influencera toute une génération d'artistes qui en reprendront les codes pendant un siècle. En 1918, Malevitch réalise le fameux *Carré blanc sur fond blanc,* communément

considéré comme le premier monochrome de l'histoire de l'art, et dont nous fêtions en 2018 les cent ans.

Le monochrome est cette expression la plus radicale de l'abstraction que Sylvain Croci-Torti emprunte, et c'est aussi celle qu'il considère comme la plus adaptée pour « peindre la musique » ou « peindre comme un musicien ». Au début du XXe siècle déjà, Kandinsky pensait qu'il était possible d'exprimer les accords de la musique de Richard Wagner au moyen de formes et de couleurs, jouant des correspondances entre les sensations musicales, visuelles et gestuelles. Comme la musique, la peinture a son rythme, ses précisions, ses lois mathématiques. Les lignes et les couleurs sont composées comme des équivalences aux notes et au rythme. Pour Kandinsky, l'abstraction est nécessaire, non pas pour atteindre la sensation pure comme Malevitch, mais pour transmettre les émotions intérieures de l'artiste et faire vibrer l'âme du spectateur par des accords picturaux.

Plus de cent ans après, Sylvain Croci-Torti considère que peinture et musique sont indissociables. Chaque toile est une chanson d'un album qu'il compose et sur laquelle il retranscrit physiquement l'énergie, le rythme, la répétition ou les effets de distorsion. Chaque série qu'il réalise est un hommage à un groupe, un disque ou un titre en particulier. Guitariste à ses heures, fasciné par la musique minimaliste et contemporaine rock, il travaille la densité de la couleur, tantôt vive, acide, pastel, froide, sombre ou sourde comme il travaillerait une gamme à la gratte, mixant les sons aigus, graves ou saturés. L'exposition de Martigny reprend le titre d'un morceau du groupe de rock expérimental américain EARTH, pionnier de la musique drone et reconnu pour sa rythmique brute répétitive et lancinante. Avec un tempo lent, des guitares électriques saturées, des basses lourdes et, pour seules paroles répétées en boucle, cette phrase « The world – It spins on a crooked axis – Left it twitching by the road », la chanson *Tallahassee*, issue de l'album *Pentastar, In the Style of Demons* (1996), fait entrer son auditeur dans un état méditatif et hypnotique, proche de la transe.

Comme pour sa musique, Sylvain Croci-Torti mise dans sa peinture sur un geste régulier, rigoureux et répétitif. Si le moment où il peint est en soi assez bref, la durée d'une chanson, le temps de préparation est long, physique, protocolé : construire le châssis, tendre la toile et l'apprêter, préparer la couleur en mélangeant à la main jusqu'à une dizaine de tubes acryliques différents pour aboutir à la teinte souhaitée, puis avec la bacholle, racler, du bas de la toile jusqu'au sommet, en se décalant à chaque fois pour que les bandes se touchent à peine, et en étalant la peinture de la manière la plus homogène possible pour obtenir une surface fine et uniforme. Le geste imparfait laisse alors apparaître des accidents ou des manques dans la masse. Finalement faire basculer la toile pour la montrer à l'envers du sens où elle a été exécutée en atelier, et la disposer comme un objet qui prend alors sa place dans l'espace.

Sylvain Croci-Torti partage, avec ses prédécesseurs de la veine de l'abstraction géométrique, cet intérêt pour l'espace et l'architecture, ramenant le tableau à sa consistance matérielle, objet quasi sculptural, composé de bois, de toile et de pigments. Ainsi, au Manoir de Martigny, onze monochromes testent les limites de l'architecture et jouent avec les espaces domestiques du bâtiment, ancienne maison patricienne érigée en 1730. Les toiles coupent les angles des salles, sont posées à même le sol, bloquent une entrée, se superposent, se juxtaposent entre mur et plafond ou s'y accrochent radicalement. De rectangulaires au premier étage, elles deviennent ovales au second, se réappropriant, à une autre échelle, la forme de l'une des fenêtres donnant sur cour – que l'on retrouve également dans le visuel imaginé pour l'exposition. De vert acide à bleu pétrole profond en passant par un rose dragée, puis d'orange à violet aubergine pour terminer sur un vert opalin, de salle en salle, les toiles entrent dans un dialogue relationnel de couleurs et de formats, et investissent les trois dimensions de l'espace. Se déployant sur les murs qui les supportent tantôt de manière généreuse, tantôt de façon contrainte par la dimension des salles, elles semblent perdre leur autonomie pour laisser apparaître les singularités architecturales du Manoir, ou au contraire s'imposer en force en masquant ces mêmes spécificités. Refusant que le tableau soit restreint à un cadre, ou même à un mur, Sylvain Croci-Torti amplifie son geste en débordant dans tout l'espace. Sa peinture ne se contente pas d'être peinture ; elle est élément sculptural prenant possession du lieu et le modifiant. La dimension picturale est ainsi décentrée et la relation spatiale de l'observateur à l'œuvre d'art est reconfigurée. Ce dernier est alors invité à remplir mentalement cet espace immédiat entre lui et la peinture qui s'impose à lui.

Kandinsky parvint à l'abstraction car il voyait l'art comme une « nécessité intérieure ». Malevitch souhaitait conduire la peinture vers une sensation pure. Yves Klein, quant à lui, déclarait que l'une des raisons qui l'ont conduit à la monochromie était de vouloir « sentir l'âme sans l'expliquer, sans vocabulaire, et représenter cette sensation… ». La pratique de Sylvain Croci-Torti est présentée à Martigny dans toute sa subtilité. Elle opère comme une invitation à s'arrêter, à respirer les espaces vides, à savourer les manques, à sortir du monde réel et de la superficialité des apparences pour regarder autrement. Regarder moins pour regarder mieux. Et pourquoi pas, simplement, se laisser porter par les couleurs et la musicalité du geste. Si ce n'est par le *doom metal* de Sylvain Croci-Torti, alors peut-être par sa propre musique intérieure.

Continuum ellipsoïde
Julien Fronsacq

The Song Remains the Same : ainsi Sylvain Croci-Torti
a-t-il intitulé, non sans ironie, son mémoire de fin d'étude.
Un trait d'humour qui trahissait une nonchalante arrogance
– « Je connais la chanson » – ou encore une inquiétude
à l'égard de l'académisme – « La chanson est toujours la
même ». Le jeune artiste, très inspiré par la musique,
rendait certainement hommage à un moment illustre du
rock. Le sous-titre de sa dissertation précisait *The Song
Remains the Same (La peinture aussi)*, convoquant l'histoire
de la peinture abstraite à qui l'on reproche souvent un
bégaiement par lequel elle ne saurait s'affranchir d'une
répétition des « standards » modernes. Le morceau de
musique éponyme et sa genèse, que Sylvain Croci-Torti
n'ignorait certainement pas, offrent une perspective
intéressante aux débats esthétiques. Ledit morceau de
musique devait originellement être une ouverture
instrumentale avant de se trouver doté de paroles et de
devenir un morceau en soi[1]. La peinture, comme la chanson,
ne reste jamais la même. Pour le jeune artiste, le rock
et ses modalités de fabrication constituent sûrement
un modèle pour aborder la peinture abstraite et son lourd
héritage. Donner naissance à de nouvelles compositions
notamment par les collaborations et la reprise.

Pour relier sa sortie de l'école d'art en 2011 à sa production
récente de monochromes en 2018, il faut envisager le
contexte dans lequel le jeune artiste a mûri son projet.
On associe souvent l'histoire de l'abstraction en Suisse
romande à l'Art concret, un mouvement qui voit le jour sous
l'impulsion notable de Max Bill vers 1936 dans la région de
Zurich. Pour les participants alémaniques de ce mouvement,
si attachés aux principes rationnels, le terme renvoie à
une organisation verticale, avec le monde phénoménal en
bas et le monde essentiel en haut. L'Arc lémanique,
théâtre d'une autre histoire de la peinture, en propose une
conception étendue, une extension simultanément formelle
et conceptuelle de l'abstraction. L'un de ses chefs de
file, Olivier Mosset – de sa participation au groupe BMPT
(1966-1967) à Paris au mouvement Radical Painting (1975)
à New York – n'a eu de cesse d'opérer des déplacements
inattendus. Il prolonge la répétition d'un motif comme
critique de la signature par l'appropriation d'un motif pictural,
la réduction de la peinture au monochrome par l'exploration
des modalités de production. Ces triangulations sont
également géographiques tant Olivier Mosset a relié la
Suisse, l'Europe et les États-Unis – notamment Neuchâtel,
Genève, Paris, New York et Tucson. Chez John Armleder,
dès la fin des années 1970, le monochrome évoque le

décoratif, et le motif abstrait devient ornement mobilier
(les « Furniture Sculptures », à partir de 1979) ou rupestre
(exposition à la Galerie Marika Malacadorda, 1980). John
Armleder conçoit des théâtres propices à la migration des
qualités et à l'échange des statuts. Depuis les années 1960,
de nombreux artistes de cette région lémanique s'attachent
à puiser dans un vocabulaire formel moderne, simplifié,
pour l'inscrire dans un espace physique ou culturel, ce que
les théoriciens formalistes américains ont banni. Pour
Michael Fried, l'art minimal ne saurait interagir avec son
espace physique de présentation au risque d'une théâtralité
préjudiciable. Pour Clement Greenberg, l'œuvre doit se
concentrer sur ses modalités essentielles comme la planéité
et l'opticalité pour devenir imperméable à l'industrie
culturelle. Sylvain Croci-Torti est l'héritier de cette histoire
extensive de la peinture affranchie de ces injonctions
formalistes.

Sylvain Croci-Torti puise dans l'histoire du monochrome
pour l'arracher à son abstraction et en révéler les conditions
matérielles de visibilité, de production et d'exposition.
Depuis sa célèbre série *Uh Huh* (2015), le recouvrement
dépend de la quantité de peinture déposée sur la bacholle
du sérigraphe. Le monochrome s'émancipe ici de la loi
réductionniste et opticaliste. Sylvain Croci-Torti a longtemps
exploré les possibilités de l'abstraction et de la géométrie
pour s'intéresser à son acception la plus simple, le
monochrome, qu'il n'a de cesse de déployer de manière
non orthodoxe. S'il emploie un dispositif en principe
immatériel, le plan de couleur, c'est pour en révéler
l'ancrage matériel et sa dimension contingente. Il a conçu
un système régissant les formats des toiles et la quantité
de couleur. À l'habituelle peinture et son pinceau, il a
susbstitué la bacholle et l'encre de sérigraphie. La couleur
est posée en aplat, son volume précisément estimé laissant
parfois une zone non peinte qui n'est pas sans rappeler
les *stripe paintings* de Barnett Newman, lequel conférait
à l'artiste une mission supérieure consistant à donner forme
à la vérité[2]. Le non-peint est, dans les deux cas, l'indice
d'un geste physique, mais chez Sylvain Croci-Torti, il est
moins indice de vérité qu'indice technique et de sa propre
limite. Lorsqu'Yves Klein présente son premier monochrome
au Salon des Réalités Nouvelles en 1955, le comité juge
le tableau insuffisant[3]. La modernité a souvent opposé le
monochrome à une peinture gestuelle. Chez le jeune Sylvain
Croci-Torti, le monochrome n'a pas d'empâtements picturaux,
mais la toile porte les traces – manques ou superpositions –
d'un effort physique pour la recouvrir de couleur. L'effort
n'est pas ici spectaculaire, mais une tentative fragile de
parvenir à un objet simple, un aplat uniforme. La toile peinte
est conçue dans sa contingence et l'épuisement lors de son
recouvrement coloré en est une conséquence logique.

En quelques années, la toile devient quasi sculpturale et tend à être architecturale. Dans le cadre d'une exposition (*Such R Grert Feeling*, Les Mouettes, Vevey, 2015), Sylvain Croci-Torti et Guy Meldem présentent une série de monochromes soclés. Cette dernière combinaison s'approche d'une installation sculpturale et porte le monochrome à sa contradiction. Le plan de couleur en présentoir affirme la dimension matérielle de son support. À l'occasion des Swiss Art Awards (Bâle, 2016), Sylvain Croci-Torti est invité à concevoir un espace d'exposition et son intervention artistique. Dans un espace constitué de trois cimaises, il réalise *The Marriage & The Death of Coyote Woman* (2016), un diptyque de toiles quasiment aussi grandes que les cloisons de l'espace d'exposition. Réalisés comme à l'habitude, les deux monochromes presque uniformes s'ouvrent comme un livre. Agencés en un angle dont l'ouverture est supérieure à 90°, les tableaux aux proportions de l'architecture redoublent et perturbent cette dernière.

Pour sa récente exposition personnelle au Manoir de la Ville de Martigny, l'artiste a conçu un ensemble inédit de tableaux à la manière d'une installation *in situ*. Au fil des salles, les œuvres ne sont plus tableaux mais toiles peintes de différentes formes et positions physiques, tour à tour entravant un accès, posées à chant ou à plat à même le sol, caressant le plafond. Selon un véritable parcours, l'accrochage, à la manière d'une chorégraphie de champs colorés, atteint son apogée avec une toile peinte en forme d'ovale « ellipsoïde » suspendue au plafond. La forme de cette toile contre la voûte en arc-de-cloître de la noble demeure valaisanne évoque l'un des chefs-d'œuvre de Francesco Borromini. Le jeune artiste est d'origine tessinoise – précisément de Stabio – comme le grand architecte du baroque italien. Le premier apprécierait certainement le débat qu'a recouvert l'ellipse du second en plein baroque romain. Motif récurrent dans les édifices de Borromini, elle est autant un indice du baroque qu'elle s'avère être une forme naturaliste. Pour l'Église Saint-Charles-aux-Quatre-Fontaines de Rome, la coupole posée sur une forme double entre losange et cercles dessine un simple ovale creusé de milles alvéoles. Cette voûte kaléidoscopique, de laquelle semble naître une multitude de figures, est critiquée pour son supposé antinaturalisme. Borromini est pourtant très inspiré par Johannes Kepler qui a modélisé le flocon de neige et la trajectoire elliptique des astres dans le ciel[4]. De l'infiniment petit à l'infini lointain, l'ellipse est ici la figure d'un continuum qui relie la nature et la géométrie, le concret et l'abstrait. À l'instar de ce continuum ellipsoïde, Sylvain Croci-Torti rompt avec le dogme vertical de l'Art concret et la définition moderniste du monochrome pour la concevoir en relation au corps et à l'architecture.

1   « À l'origine, il devait s'agir d'une ouverture instrumentale pour *The Rain Song*. Mais je suppose que Robert avait des idées différentes. Tu sais, "C'est plutôt bon, tu ferais mieux de trouver des paroles, et vite !" [rires] ... J'avais tout ce qu'il fallait pour commencer, et Robert m'a suggéré de casser d'un demi-ton au milieu du morceau. Après avoir compris que nous allions la décomposer, la chanson a été composée en une journée... J'avais toujours un magnétophone avec moi. C'est ainsi que *The Song Remains the Same* et *Stairway* ont été créées, à partir d'idées enregistrées. », in « Interview with Jimmy Page », *Guitar World Magazine*, 1993. Accessible sur www.iem.ac.ru/zeppelin/docs/interviews/page_93.gw.

2   « Il ne suffit pas à l'artiste d'annoncer avec arrogance sa position invisible : le travail de l'artiste n'est pas de découvrir la vérité, mais de la façonner ; le travail de l'artiste est fait depuis longtemps. Cette position, pour supérieure qu'elle soit, sépare l'artiste de tous les autres, affirme son rôle contre celui de tous. » Barnett Newman, "The First Man Was an Artist", *Tiger's Eye*, n°1, octobre 1947, in John P. O'Neill (ed.), *Barnett Newman: Selected Writings and Interviews*, University of California Press, Berkeley 1992, p. 156.

3   Denys Riout, *La Peinture monochrome. Histoire et archéologie d'un genre*, Folio essais, Gallimard 2006, p. 34.

4   Étienne Barilier, « San Carlino L'Unique », *Francesco Borromini. Le Mystère et l'éclat*, Presses polytechniques et universitaires romandes, Lausanne 2009, p. 49-50.

Une lassitude jouissive
Entretien avec Sylvain Croci-Torti par Samuel Gross

Sylvain Croci-Torti n'hésite pas à enfreindre les limites supposées de la peinture. Il amplifie les effets et les impacts d'une forme de radicalité dans laquelle il s'inscrit pour trouver, par séries, des pratiques qui nous autorisent à admettre une histoire qu'il croit nous être commune. Nous avons échangé avec lui sur son travail en nous fondant sur *Tallahassee*, sa première exposition personnelle majeure.

Tout au long de l'exposition, d'énormes châssis monochromes viennent s'encastrer dans l'architecture. Les proportions basculent et la couleur contraint l'espace. Sur deux étages, le jeune artiste se joue de la structure architecturale imposante en utilisant deux systèmes. Au premier étage, de très grands châssis rectangulaires viennent découper brutalement les salles. Leurs formats les obligent à prendre appui sur les cloisons ou le plafond. Ils créent de nouveaux angles, une nouvelle géométrie. Les murs épais de la maison de maître se retrouvent réduits à une coque translucide peu élastique. La surdité des tons et la massivité des aplats révèlent la particularité du geste peint. La peinture se présente dans une dimension propre, affrontant l'architecture, et semble rendre un geste pictural porté à une limite physique.

L'artiste paraît déployer une énergie sans limite pour contraindre ses surfaces et les recouvrir d'une série d'empreintes gigantesques d'un geste coloré et répétitif.

La peinture s'énonce dans ce mouvement, dans cette fulgurance frontale et efficace. Mais si ces toiles condensent cette énergie première, elles la détournent aussi.

« Ce qui m'intéresse avant tout, c'est de trouver une manière singulière et protocolaire de déposer de la couleur sur une surface. Peu importe le rendu final. Ce qui me semble important, c'est d'utiliser le moyen le plus radical pour recouvrir une surface. Si possible, détourner une technique industrielle pour la mettre dans une situation où elle sera confrontée au geste, à l'humain et non à la machine. C'est ce qui l'amènera tôt ou tard à l'accident. J'aime l'idée d'utiliser au minimum les pinceaux, ou de créer les miens avec les objets qui m'entourent. C'est ce que j'ai fait avec la bacholle, un outil utilisé en sérigraphie pour enduire les cadres avec de l'émulsion. »

Imitant l'un des gestes de la production de sérigraphies, qu'il maitrise parfaitement, Sylvain Croci-Torti racle ses toiles monochromes. La couleur unie conserve ainsi dans sa texture le souvenir de sa masse. Elle infuse littéralement les zones les plus colorées et se déchire parfois au passage de la règle. Les couleurs n'ont pas d'épaisseur, mais une profondeur dense. On peut y distinguer leur état de liquide lourd. Les grands châssis deviennent des voiles liquoreux aux dimensions d'un geste possible.

« Lorsque je ne décide pas de jouer avec l'espace, le format de mes toiles possède un lien direct avec ma taille. J'utilise un format de base de 190 × 150 cm. Ce sont les dimensions classiques d'un portrait monumental en pied, dans mon cas celles d'un autoportrait : 190 cm étant ma taille avec une paire de baskets. Je décline continuellement ce format avec toutes sortes de renversements possibles, transposant la petite longueur sur la grande longueur ou inversement. Par contre, lorsque que je produis des ‹ shaped canvas ›, je ne m'impose aucune règle. »

Mais le plus souvent, les toiles de Sylvain Croci-Torti se confrontent à l'architecture.

« J'ai toujours été impressionné par les ouvrages d'art monumentaux que j'ai pu voir autour de moi dans mon enfance. J'ai grandi dans le Chablais, dans les Alpes suisses, qui représente le dernier quart de la vallée du Rhône avant l'ouverture physique sur le Lac Léman. Je pense qu'avoir été enfant entouré de montagnes, de ponts ou de barrages, m'a fait prendre conscience de l'impact que l'on pouvait créer en déployant une construction dans un lieu donné. J'ai retrouvé cette impression de rapport de force dans les effets de dimensions, toute proportion gardée, dans le travail des artistes américains du milieu du XXe siècle. Les toiles de Jackson Pollock, les sculptures de Richard Serra, la Rothko Chapel, plus proche de moi, les grands formats d'Olivier Mosset. De là, vient mon envie de jouer avec les espaces, à la manière d'un architecte à qui l'on offre la possibilité de réaliser un barrage ou un imposant ouvrage d'art.
J'adore la peinture abstraite telle qu'on nous la montre, accrochée de manière classique, et j'ai toujours du plaisir à faire une toile d'un format ‹ standard ›, mais dès que j'en ai l'occasion, je cherche un rapprochement physique avec l'espace. Pour moi, ce rapport de confrontation est un élément important dans la peinture abstraite, exactement comme l'est le volume dans la musique. Cette dernière doit, dans certains cas, être jouée forte, afin que soient ressenties au maximum les infimes nuances voulues par le musicien. »

À l'étage supérieur de l'exposition, Sylvain Croci-Torti s'est réapproprié une forme observée dans l'architecture du Manoir. Pour le faire coïncider au plus juste avec les espaces d'exposition disponibles, il a agrandi le châssis légèrement allongé d'un cadre de fenêtre ancien. Au final, sur trois salles, il se joue de l'histoire de la peinture décorative avec quatre grands monochromes ovales. Si l'un d'eux prend place au plafond de l'une des salles, comme il se doit dans la tradition décorative classique, les autres basculent notre regard. Du plafond, au mur et finalement sur le sol, s'écaille l'histoire de la peinture en grands aplats. Cette fois, le geste semble absent. La couleur est posée par passages successifs, réguliers et répétitifs. Les tons sont sourds et denses. Ainsi est déviée la démesure apparente avec laquelle Sylvain Croci-Torti se saisit de l'espace de la toile.

La toile proprement dite n'apparaît pas et la matérialité de la peinture se lit autrement. La structure complexe des châssis de bois se laisse deviner. Les surfaces deviennent reliefs. Les belles et délicates boiseries de la demeure historique semblent avoir été retournées pour servir de support à la peinture. La qualité des grands formats réside dans l'énoncé conscient de leurs propres faiblesses et de leur quasi-invisibilité. Les toiles s'effacent mais ne se laissent pas oublier. Elles réactivent l'insolente présence irrésolue de certaines œuvres radicales.

Cette invisibilité paradoxale plait à l'artiste qui la complète par un choix très précis dans sa gamme chromatique. Ainsi, si à de nombreuses reprises – notamment pour l'affiche de l'exposition –, il a joué de sa fascination pour des trames de gris, ses teintes sont des mélanges sophistiqués et réactifs.

« Il m'a fallu du temps pour trouver ma gamme de couleur. Pendant longtemps, je me croyais incapable de représenter les couleurs que j'avais en tête, jusqu'au jour où j'ai compris lesquelles utiliser. J'imagine que c'est le même processus pour tous les peintres. Il faut chercher ses couleurs et se battre avec, elles ne viennent pas toutes seules. Je pense avoir trouvé les miennes dans une sorte de mélancolie. Elles sont toutes un peu sourdes. Je crois que ça m'amuse de peindre avec cette surdité alors que la musique est l'un des éléments centraux de mon travail.
J'aime aussi penser les trames, depuis toujours. J'essaie de radicaliser cette réflexion à chaque nouvelle toile. L'idée de peindre par la sérigraphie un monochrome gris en quadrichromie, utilisant une technique faite pour représenter un maximum de détails possibles dans le plus grand spectre chromatique imaginable, est absurde. C'est ce qui me plaît. Je trouve cela tellement contradictoire que c'est une évidence pour moi. Je cherche à aller au bout d'un non-sens. »

Ses grands ovales, à l'architecture précise et élégante, tout comme ses grands *tondi* formant une série de toiles discontinue dont il a montré régulièrement des occurrences dans plusieurs expositions, ont des tons chauds et pleins. Ils sont des espèces d'énormes caissons gorgés d'infrabasses.

Si les couleurs sont ternes et lourdes et les gestes répétitifs et vains, chaque œuvre de Sylvain Croci-Torti porte en elle une forme de lassitude jouissive. Dans son travail, la mélancolie est nuancée, contrebalancée par une distance critique et une charge personnelle.

« J'ai fait une formation standard en Suisse, un apprentissage. J'ai appris le métier de peintre en lettres, ce qui est, à mon avis, la meilleure des bases pour intégrer les Beaux-Arts. Dans le milieu professionnel, on m'a inculqué l'importance du travail bien fait et de la rigueur dans la production. J'ai dû, d'une certaine manière, désapprendre ces valeurs en rentrant en école d'art et faire de grands efforts pour m'autoriser l'accident ou l'imperfection. C'est en regardant le travail de peintres tels que Steven Parrino, Blair Thurman et Christopher Wool que j'ai saisi l'importance de l'équilibre entre la rigueur et la liberté sur un châssis. J'ai cherché à peindre d'une manière singulière, de façon à m'approprier un geste et à définir une intention dans l'acte de peindre. J'ai ainsi pu continuer à cultiver rigueur et précision dans la construction des châssis et dans la tension des toiles. »

Cette extrême précision produit des renversements d'échelle. Elle nous laisse percevoir la fluidité d'immenses châssis rigides ou prendre des aplats massifs pour des fragments fragiles d'une architecture. C'est le propre des œuvres de Sylvain Croci-Torti. L'artiste, fasciné par la musique minimale et ses échos contemporains sait que, comme le son, la couleur est une masse que l'on peut travailler pour sa densité.
Par ailleurs, cette exposition à Martigny reprenait un titre célèbre d'EARTH, groupe emblématiquement reconnu pour la permanence lancinante de sa rythmique brute. Dans ce morceau, comme dans de nombreux autres, un mur de guitares se craquelle peu à peu et entraîne l'auditeur dans une autre dimension sonore. Les toiles de Sylvain Croci-Torti font raisonner dans nos têtes des riffs de guitare, nous faisant oublier, une fois encore, que cette peinture-là est morte.

« Au départ, la musique est mon unique passion. J'y ai toujours trouvé refuge, c'est vraiment le médium qui me permet de m'évader. Je ne pourrais pas vivre sans musique ou sans concerts. C'est une sorte d'addiction pour moi. J'ai aussi une fascination pour la guitare, autant pour l'objet

que pour les différentes manières dont on peut l'utiliser
pour en faire sortir des sons. On peut être doux avec une
guitare, mais également violent. Elle est un outil qui
retransmet d'une manière directe l'émotion de celui qui la
manipule et devient d'un coup le témoin d'un moment,
d'une énergie. C'est finalement un instrument très simple,
comme le pinceau. Lorsque j'étais étudiant, la musique
m'obsédait tellement que j'ai cherché à la représenter.
J'essayais naïvement de la peindre et de la reproduire telle
que je l'entendais. Je peignais des guitares, des portraits
de musiciens ou je réalisais des totems symbolisant un
amplificateur ou une batterie. Puis, par la force des choses,
j'ai réalisé que mes intentions étaient immatures et
n'allaient pas dans ce que je pressentais vouloir faire.
Ce qui me touche dans la musique, ce ne sont pas les
musiciens ou les guitares mais c'est le geste, l'attitude,
l'énergie qu'elle porte en elle. J'en suis arrivé à m'inventer
une sorte de mantra : ‹ Ne pas peindre un musicien, mais
peindre comme un musicien ! ›. Depuis ce moment-là,
je conçois mes peintures comme un morceau de musique,
avec son rythme, sa structure, ses répétitions, ses libertés. »

Tallahassee est aussi le nom d'une ville universitaire de
Floride dans laquelle Paul Dirac – prix Nobel de physique
en 1933 et originaire de Saint-Maurice, une ville voisine
de Martigny – développa ses recherches sur l'antimatière,
permettant, ainsi, aux physiciens de réfléchir au moment
précis de transformation de la masse en énergie.
N'est-ce pas l'expérience que nous propose justement
d'expérimenter Sylvain Croci-Torti ?

« Faire moins pour faire neuf »
Blair Thurman

La première œuvre de Sylvain Croci-Torti que j'ai vue, c'est dans l'exposition des « jeunes » artistes, les Swiss Art Awards, organisée pendant la semaine de la foire Art Basel il y a quelques années. Je me souviens d'avoir dit à Samuel Gross qu'elle me semblait familière mais nouvelle, en quelque sorte de la peinture sans densité, telle une apparition, mais occupant résolument l'espace et conçue à cet effet. Les deux châssis étaient appuyés sur les cimaises, à la manière de quelqu'un qui s'appuie sur votre voiture – ils se dressent, ils empêchent, ils rôdent – et cette attitude décidée est un élément clé de leur inscription dans cette « vieille école » de la peinture minimale, à l'image de l'articulation entre référence et différence dans le défilé du film *Zoolander*. Ces peintures sont insistantes, tout en s'inscrivant dans la lignée de leur genre.

J'avoue que je suis quelqu'un qui aime rester chez soi, un reclus volontaire – je ne vois surtout que les choses que je connais déjà – donc je reconnais ici Steven Parrino, Olivier Mosset, Max Bill, Daniel Buren (peut-être même moi), mais c'est sans aucun doute de la peinture minimale – cette vieille école. L'interrelation est un plaisir et une force et, en tant qu'étranger, j'ose le dire, quelque chose de très suisse.

J'ai récemment eu l'occasion d'assembler et de montrer l'une de mes œuvres de 1992, *The Speedway Painting*, et elle avait cette attitude et cet effet d'insistance que j'aime tant chez Croci-Torti. À l'époque, j'avais cherché à faire quelque chose de « moins que de la peinture », mais je pense que l'objectif réel était de « faire moins pour faire neuf ».

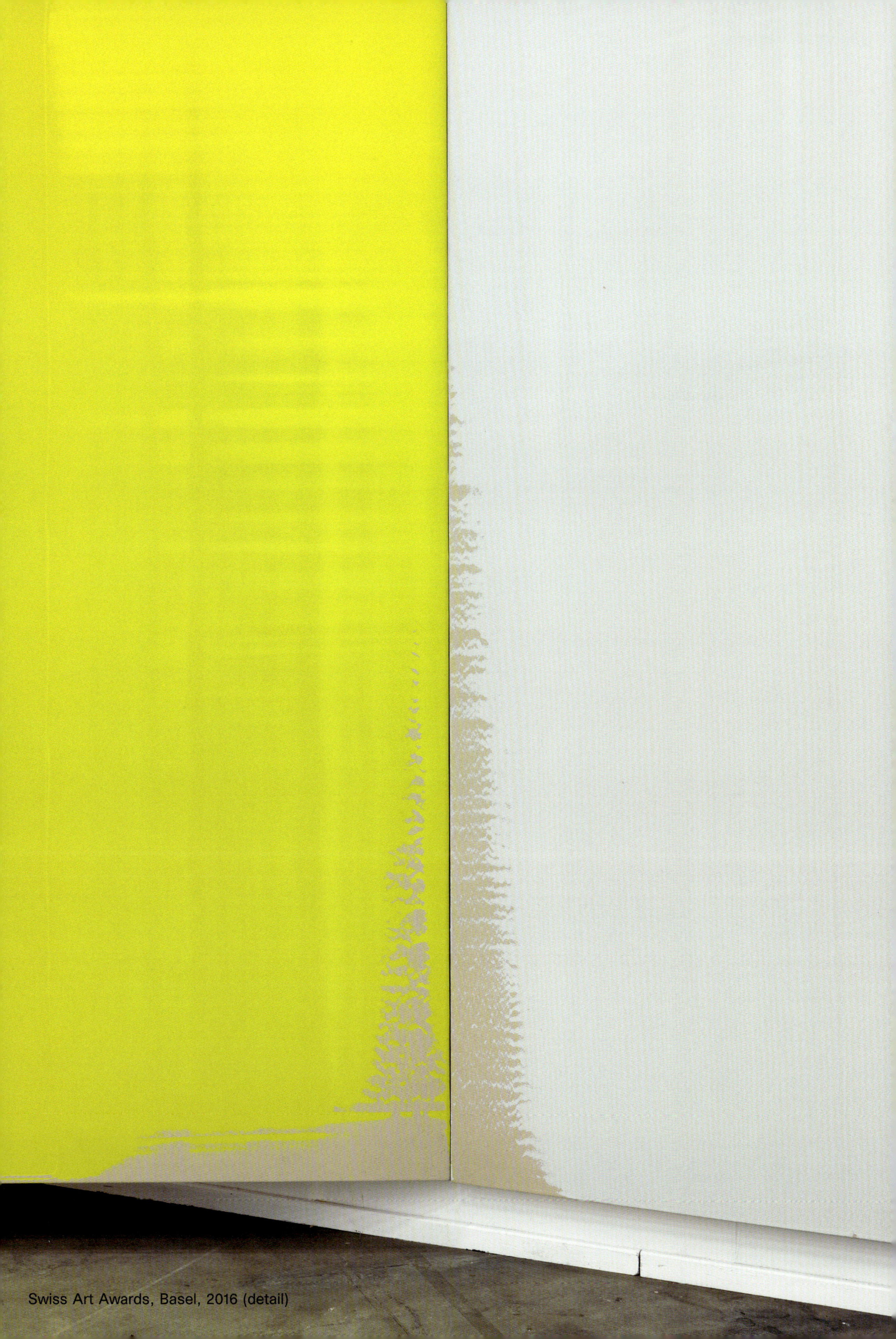
Swiss Art Awards, Basel, 2016 (detail)

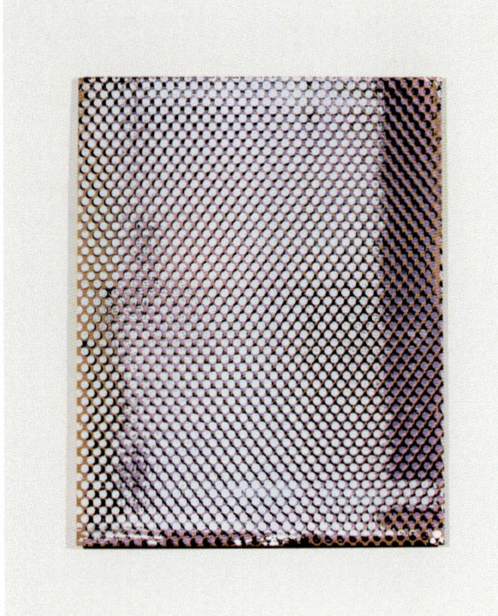

Untitled, 2013
Silkscreen on alveolate carboard,
100 × 80 cm

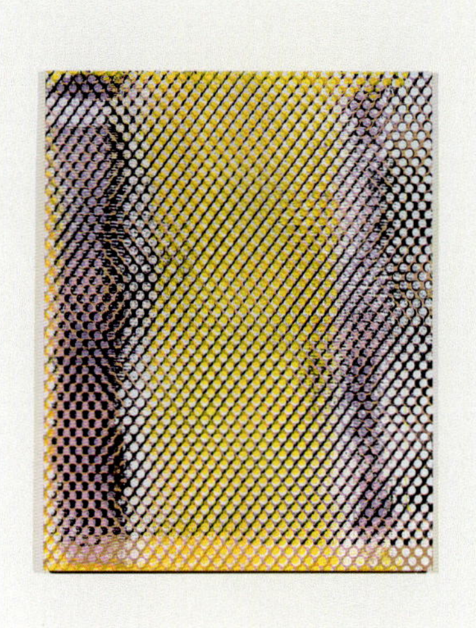

Untitled, 2013
Silkscreen on alveolate carboard,
100 × 80 cm

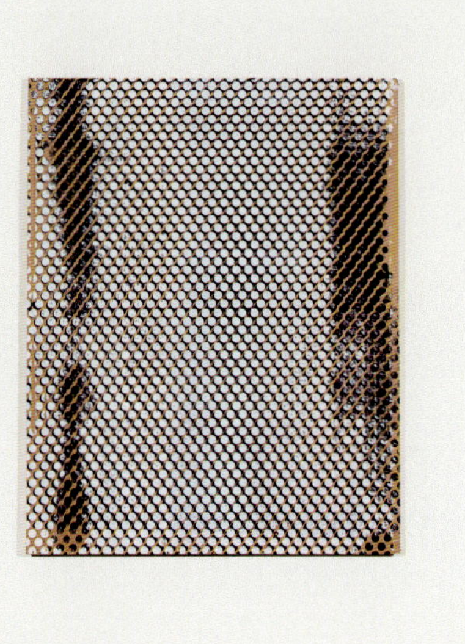

Untitled, 2013
Silkscreen on alveolate carboard,
100 × 80 cm

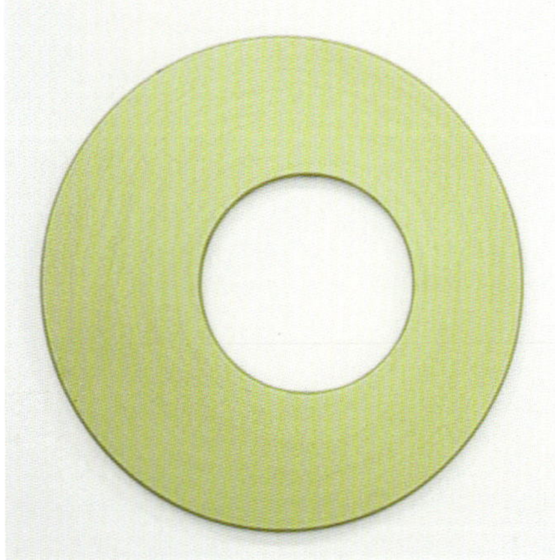

Silent, 2014
Acrylic on shaped canvas, ø 66 cm
Collection Pierre Belloni

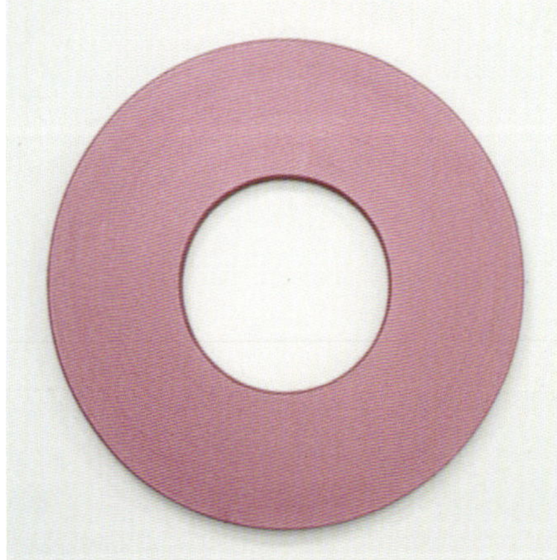

Moon, 2014
Acrylic on shaped canvas, ø 66 cm
Collection Pierre Belloni

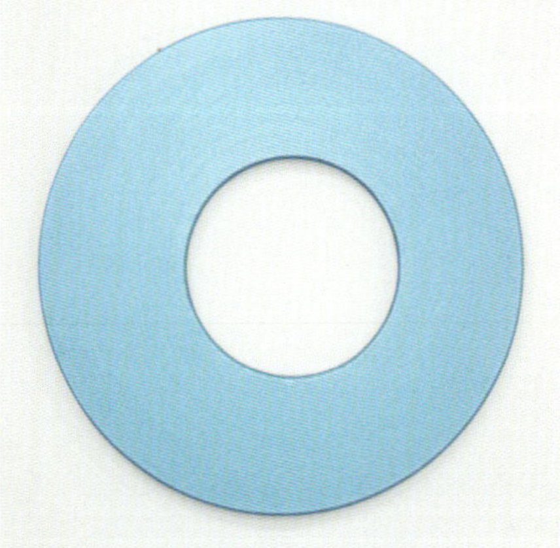

Turn, 2014
Acrylic on shaped canvas, ø 66 cm
Collection Pierre Belloni

L'Art perdu de garder un secret, 2015
Acrylic on canvas, 190 × 150 cm

Tea, Tea & Coffee, 2015
Acrylic on canvas, 190 × 150 cm

If Only, 2015
Acrylic on canvas, 190 × 150 cm

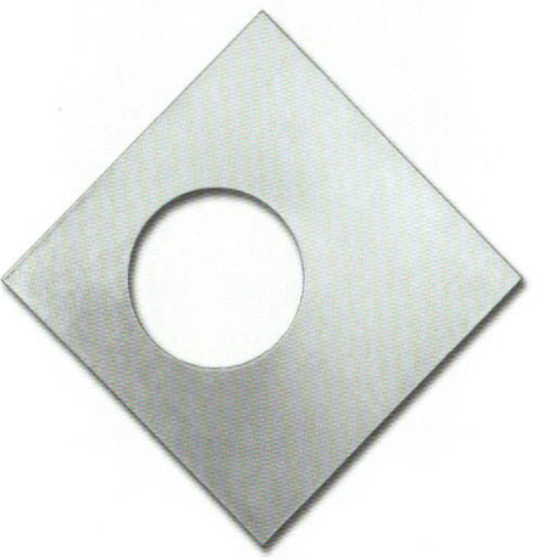
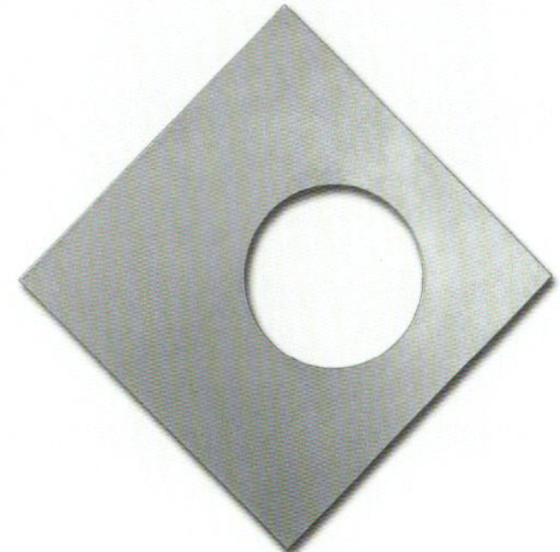
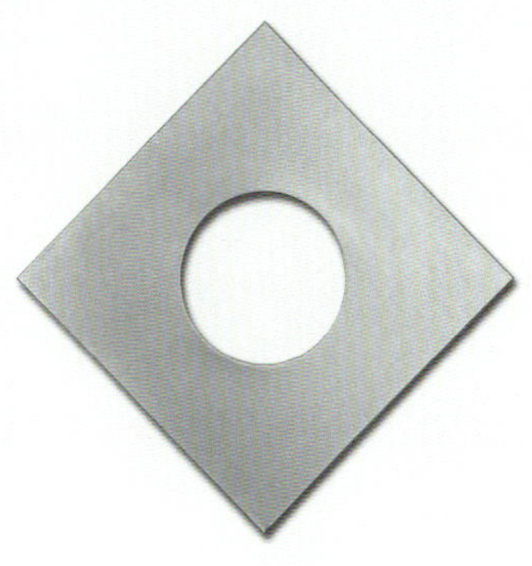

Untitled, 2015
Acrylic on shaped canvas, 96 × 96 cm

Untitled, 2015
Acrylic on shaped canvas, 96 × 96 cm

Untitled, 2015
Acrylic on shaped canvas, 96 × 96 cm

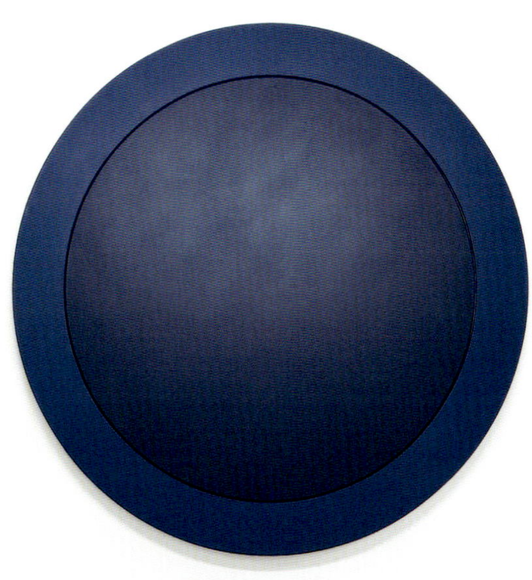

Everybody Knows This Is Nowhere, 2016
Acrylic on double frame, ø 150 cm
Private collection

What Happened Yesterday, 2016
Acrylic on double frame, ø 150 cm
Collection Musée d'Art du Valais, Sion

*I've Just Forgotten What I Said.
Tomorrow Is Forgetting*, 2017
Silkscreen on canvas, 100 × 80 cm

*For Years and Years Most Are Gone,
I Won't Forget That We Are Done*, 2017
Silkscreen on canvas, 100 × 80 cm

Rain on The Railing. The Sky Is Falling,
2017
Silkscreen on canvas, 100 × 80 cm

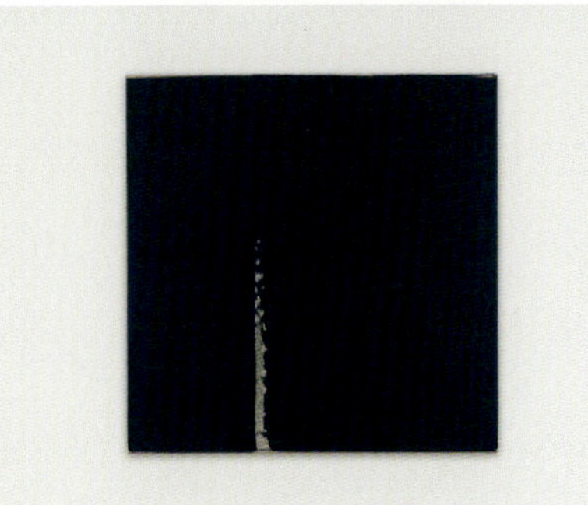

Now That We Listen, Now That We Hear, 2018
Acrylic on canvas, 90 × 90 cm

It Tells Us A Story, 2018
Acrylic on canvas, 90 × 90 cm

Leaving with Our Sense Senseless, 2018
Acrylic on canvas, 90 × 90 cm

Pentastar, 2018
Acrylic on canvas, 60 × 60 cm

And Reach Across and Take My Hand, 2018
Acrylic on canvas, 90 × 90 cm

Lightning Lives the Life, 2018
Acrylic on canvas, 60 × 60 cm

Like We Said, To the End, 2018
Acrylic on canvas, 240 × 90 cm

Between the Bursts of Wind, 2018
Acrylic on canvas, 240 × 90 cm

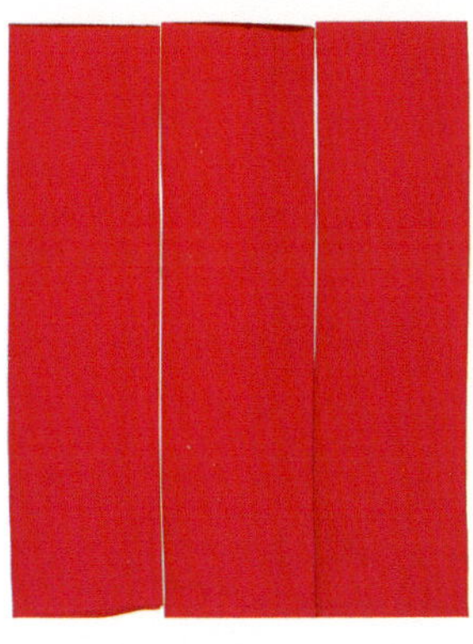

Untitled (M), 2016
Silkscreen on paper, edition of 15,
87.5 × 70 cm
Edited by Galerie Joy de Rouvre,
Geneva

Tomorrow Is Forgetting, 2017
Silkscreen on paper, edition of 10,
110 × 90 cm
Edited by WallRiss, Fribourg

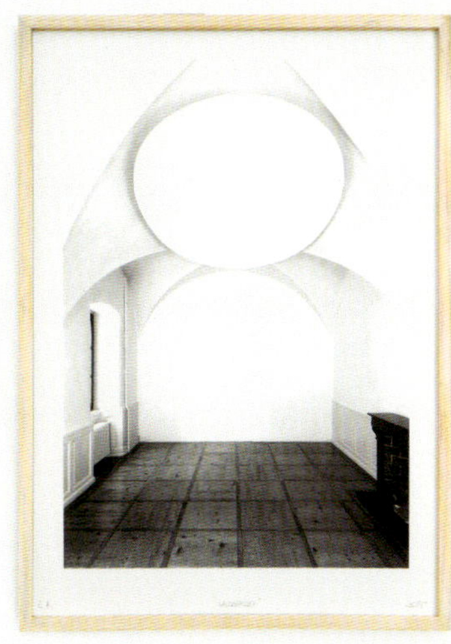

Tallahassee, 2018
Silkscreen on paper, edition of 30,
70 × 50 cm
Edited by Manoir de la Ville de
Martigny, Martigny

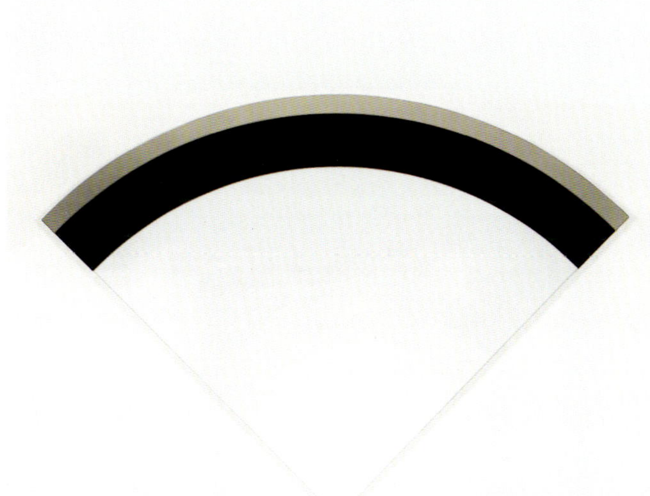

Living in A Daze, 2018
Acrylic on tripled frame, 120 × 170 cm
Collection Banque cantonale vaudoise, Lausanne

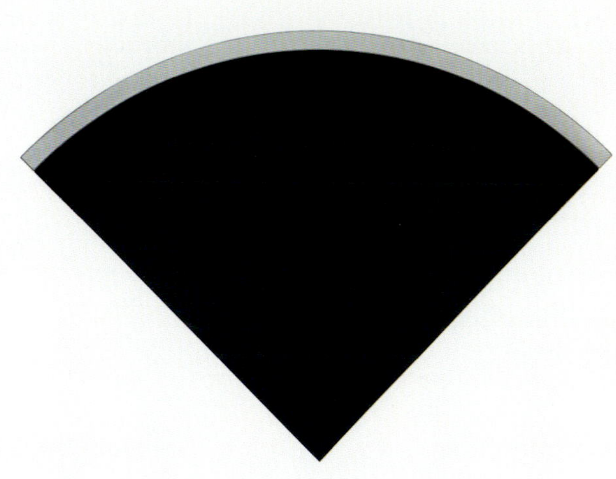

Goodnight Ladies, 2018
Acrylic on tripled frame, 120 × 170 cm

List of Works

Page 1
Untitled, 2012
Acrylic on shaped canvas, ø 33 cm
Private collection

Page 2
Rocket Queen, 2012
Acrylic on shaped canvas, ø 84 cm
Collection Chervaz-Kunz

Pages 4–5
Both: *Untitled*, 2013
Silkscreen on alveolate carboard,
100 × 80 cm each
Private collections

Pages 6–7
All: *Untitled*, 2014
Acrylic on canvas, dimensions variable
Private collection

Pages 8–9
Lost in Confusion, 2014
Acrylic on canvas, 120 × 150 cm
Private collection

Pages 10–11
Words (Between the Lines of Age, n°1),
2015
Acrylic on double frame, ø 250 cm
Collection Musée cantonal des
Beaux-Arts, Lausanne

Pages 12–13
*Words (Between the Lines of Age,
n°2, n°3, n°4)*, 2015
Acrylic on double frame,
ø 250 cm each
Collection Musée cantonal des
Beaux-Arts, Lausanne

Pages 14–15, 57
*The Marriage & The Death of Coyote
Woman*, 2016
Acrylic on canvas, two parts,
325 × 260 cm each
Collection MAMCO, Geneva

Pages 16–17
Happiness Is A Warm Gun, 2016
Acrylic on canvas, two parts,
190 × 150 cm each
Collection Musée des Beaux-Arts,
La Chaux-de-Fonds

Pages 18–19
I've No Memory, I've No Sentiment,
2017
Silkscreen on canvas, 80 × 510 cm

Pages 20–21
Left: *We Have Love So Don't Forget
My Memory Fails Time and Time Again*,
2017
Silkscreen on canvas, 80 × 295 cm
Right: *Tomorrow Is Forgotten. Sleeping
Beneath*, 2017
Silkscreen on canvas, 80 × 700 cm

Pages 22–23
Rust Never Sleeps, 2017
Enamel on aluminum, three parts,
340 × 190 cm each

Pages 24–25
Left: *And There's Nowhere Now*, 2017
Acrylic on canvas, 240 × 90 cm
Collection Stéphane Ribordy, Geneva
Right: *Angels of Darkness*, 2017
Acrylic on canvas, 195 × 255 cm

Pages 26–27
Floor: *To The Wind*, 2019
Acrylic on canvas, 415 × 170 cm each

Pages 28–29
Tallahassee n°2, 2018
Acrylic on canvas, three panels,
195 × 325 cm each

Pages 30–31
Tallahassee n°1, 2018
Acrylic on canvas, 195 × 415 cm

Pages 32–33
Tallahassee n°6, 2018
Acrylic on canvas, two panels,
195 × 320 cm each

Pages 34–35
Tallahassee n°7, 2018
Acrylic on canvas, 195 × 320 cm

Pages 36–37
Tallahassee n°3, 2018
Acrylic on canvas, 195 × 415 cm

Pages 38–39
Tallahassee n°4, 2018
Acrylic on canvas, two panels,
150 × 415 cm each

Page 40
Tallahassee n°5, 2018
Acrylic on canvas, 195 × 320 cm
Collection Jean-Paul Jungo

Born in 1984, Sylvain Croci-Torti lives and works in Martigny and Lausanne. He graduated with a Master's in Visual Arts from ECAL, Lausanne, in 2013.

Selected Solo Exhibitions

2019
To The Wind, annex14, Zurich

2018
When The Horses, Galerie Joy De Rouvre, Geneva
Tallahassee, Manoir de la Ville de Martigny, Martigny*

2017
Tomorrow Is Forgetting, WallRiss, Fribourg

2016
An Ocean In-Between The Waves, Galerie Joy De Rouvre, Geneva
Happiness Is A Warm Gun, Palais, Neuchâtel

2015
Hand. Cannot. Erase, Galerie Heinzer Reszler, Lausanne

Such R Grert Feeling, Espace Les Mouettes, Vevey, with Guy Meldem

2014
Caudalie, Esp'Asse, Nyon, with Simon Deppierraz

2013
Slow Motion Countdown, La Placette, Lausanne

Big Muff, Fuzz Face & Tube Screamer, Galerie Heinzer Reszler, Lausanne

Selected Group exhibitions

2019
Swiss Art Awards, Basel*

2018
Nouvelles Images, MAMCO, Geneva
Monochromes. L'Affaire du siècle, Musée des Beaux-Arts, La Chaux-de-Fonds
DOJO–Le Temple de l'abstraction, Le Commun, Geneva
La Lampada, Circuit, Lausanne

2017
3 YEARS, SMART MOVE, Galerie Joy De Rouvre, Geneva
Terrasse 2017, Silicon Malley, Lausanne
Apogée et périgée. Multiples et éditions d'artistes, Ganioz Project Space (GPS), Martigny

2016
La velocità delle immagini, Istituto Svizzero, Rome
Swiss Arts Awards, Basel*
All Over, Galerie des Galeries, Galeries Lafayette, Paris*
Accrochage (Vaud 2016), Musée cantonal des Beaux-Arts, Lausanne*

2015
Work Hard: Selections by Valentin Carron, Swiss Institute, New York*
Printmaking by ECAL (2008–2014), Musée Jenisch, Vevey*

Selected Public Collections

Banque cantonale vaudoise, Lausanne
Collection de la ville de Lausanne
Fonds cantonal d'art du Valais, Sion
MAMCO, Geneva
Musée Jenisch, Vevey
Musée cantonal des Beaux-Arts, Lausanne

Selected Publications

SCT–PP, Acme & Micronaut Editions, Lausanne & Vevey 2018, monograph
Pleins Feux! La collection d'art de la ville de Lausanne, art&fiction publications, Lausanne 2017, collection catalogue

* Publication

This monograph stems from the solo
exhibition of Sylvain Croci-Torti
entitled *Tallahassee* held at the Manoir
de la Ville de Martigny, Martigny,
February 23–May 13, 2018
Curator: Anne Jean-Richard Largey,
in collaboration with Samuel Gross

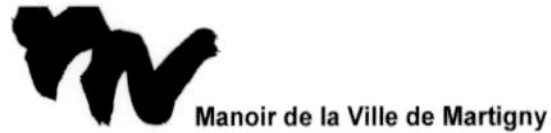
Manoir de la Ville de Martigny

Director
Mads Olesen

Curator
Anne Jean-Richard Largey

Administration
Pascal Huser

Communication
Noémy Menyhart

Educator
Stéphanie Lugon

Technical Manager
Karim Mourad

Interns
Chloé Cordonier

Design
Johanne Roten

Webmaster
Sophie Bertholet

Manoir de la Ville de Martigny
3, Rue du Manoir
CH–1920 Martigny
www.manoir-martigny.ch

This publication has received support
from:

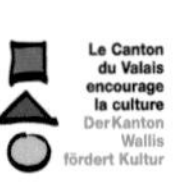
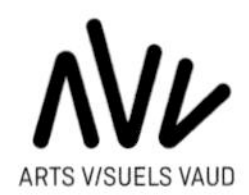
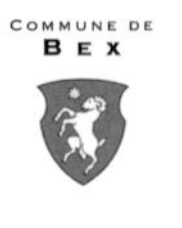

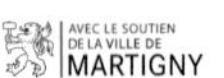
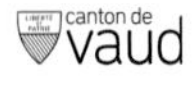

Publication

Editors
Clément Dirié and
Anne Jean-Richard Largey

Proofreading
Clare Manchester

Translation from the French
Susan Pickford

Design
Nicolas Eigenheer, Nicolas Leuba

Color Separation & Print
Musumeci S.P.A., Quart (Aosta)

Typeface
Unica

Photo Credits
Cover, p. 59t, 61tr, 61b: Christophe
Voisin; p. 1, 2: Romain Mader; p. 4–5,
10–11, 12–13, 14–15, 18–19, 20–21, 57,
58t, 59b, 61tm: Julien Gremaud; p. 6–7:
Michel Bonvin; p. 16–17: Cédric Raccio;
p. 22–23, 24–40, 60, 61tl: Annik Wetter

Acknowledgments
The Manoir de la Ville de Martigny
thanks Galerie Joy de Rouvre, Geneva,
for its support.

The artist thanks Francis Baudevin,
Pierre Belloni & Joy de Rouvre, Lionel
Bovier, Ambroise Buthey, Geoffroy
Buthey, Dylan Carlson, Valentin Carron,
Clément Chavanne, Michèle & Yves
Croci-Torti, Clément Dirié, Latifa
Echakhch, Nicolas Eigenheer, Sylvie
Fleury, Christian Floquet, Suzanne
Friedli, Julien Fronsacq, Andreas Furrer,
Alexis Georgacopoulos, Julien Gremaud,
Samuel Gross, Fabrice Gygi, Enrique
Illanez, Pierre Keller, Anne Jean-Richard
Largey, Nicolas Leuba, Stéphanie
Lugon, Florent Merminod, Jonathan
Monnay, Karim Mourad, Olivier Muff,
Pauline Piguet, Benjamin Plantier,
Antoine Reszler, Christian Robert-Tissot,
Mike Scheidt, Blair Thurman, Pierre
Vadi, Christophe Voisin, Annik Wetter,
and Neil Young.

Published by

JRP|Editions
Limmatstrasse 270
CH–8005 Zurich
www.jrp-editions.com

Printed in Europe

ISBN 978-3-03764-547-5

JRP|Editions books are available
internationally at selected bookstores
and from the following distribution
partners:

Switzerland
AVA Verlagsauslieferung AG
www.ava.ch

Germany and Austria
Vice Versa Distribution GmbH
www.vice-versa-distribution.com

France
Les presses du réel
www.lespressesdureel.com

UK and other European countries
Cornerhouse Publications HOME
www.cornerhousepublications.org

USA, Canada, Asia, and Australia
ARTBOOK|D.A.P.
www.artbook.com

For a list of our partner bookshops
or for any general questions,
please visit our homepage
www.jrp-editions.com

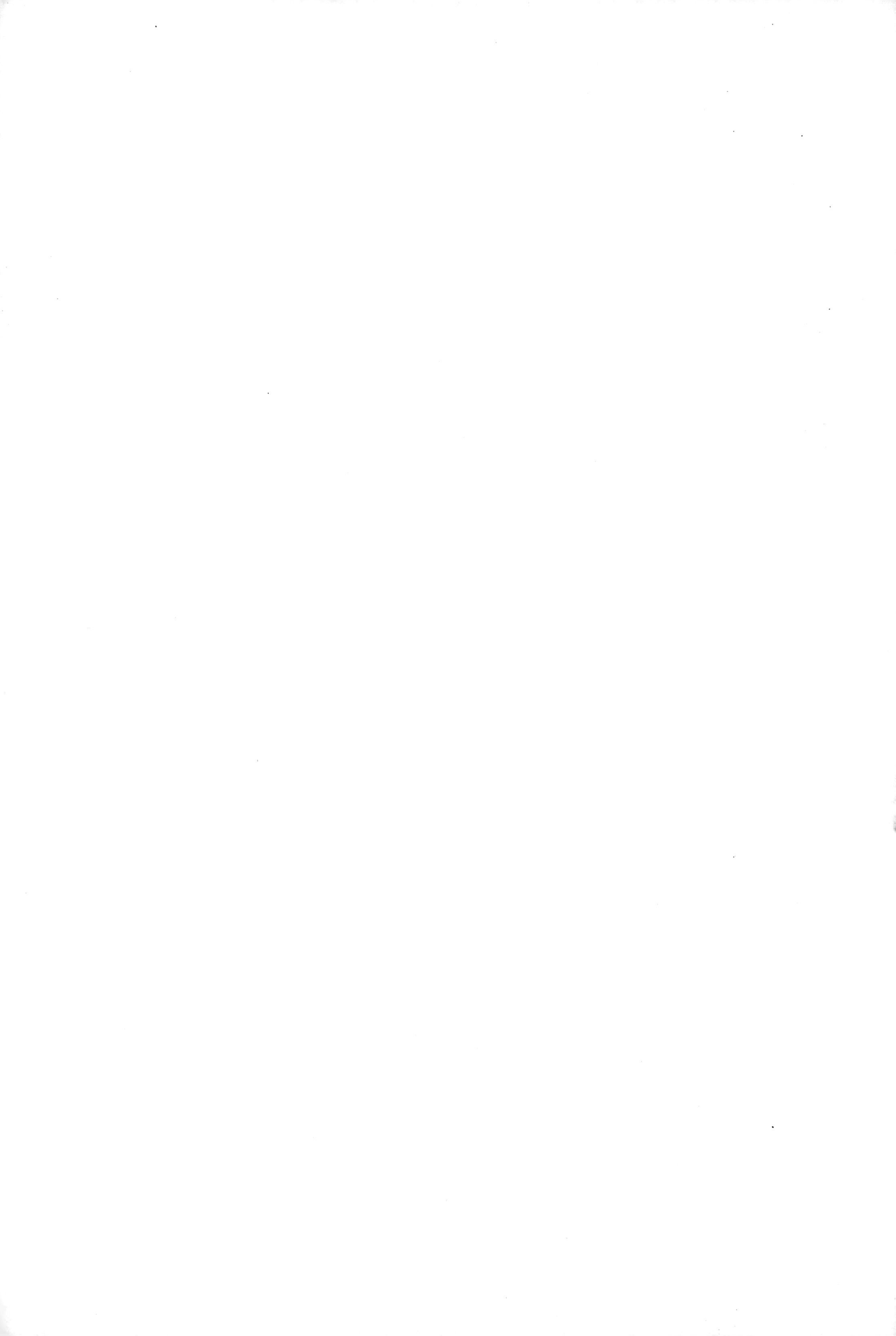